2019 年河北大学部省合建优势特色学科——应用经济学

异质性企业创新与国际化模式选择研究

Research on the Innovation of Heterogeneous Firm and the Choices of Internationalization Modes

王智新 著

人民出版社

策划编辑:郑海燕
封面设计:胡欣欣
责任校对:苏小昭

图书在版编目(CIP)数据

异质性企业创新与国际化模式选择研究/王智新 著. —北京:人民出版社,
  2020.5
ISBN 978－7－01－021969－1

Ⅰ.①异… Ⅱ.①王… Ⅲ.①企业创新-国际化-研究-中国
  Ⅳ.①F279.23

中国版本图书馆 CIP 数据核字(2020)第 047746 号

异质性企业创新与国际化模式选择研究
YIZHIXING QIYE CHUANGXIN YU GUOJIHUA MOSHI XUANZE YANJIU

王智新 著

人民出版社 出版发行
(100706 北京市东城区隆福寺街 99 号)

北京建宏印刷有限公司印刷 新华书店经销

2020 年 5 月第 1 版 2020 年 5 月北京第 1 次印刷
开本:710 毫米×1000 毫米 1/16 印张:10.25
字数:115 千字

ISBN 978－7－01－021969－1 定价:50.00 元

邮购地址 100706 北京市东城区隆福寺街 99 号
人民东方图书销售中心 电话 (010)65250042 65289539

目　　录

导　论

　　国际化模式是企业参与或进入国际市场产品(服务)生产、加工、运输、仓储和销售等环节可供选择的模式或路径,一般来说,包括出口和投资两种模式。世界各国分工程度、市场规模、生产组织、产品结构、贸易利益等因素互不相同,因此,企业选择进入国际市场的模式也可能不同。企业进入国际市场能够扩展市场规模,优化产品结构,增加社会福利,因此企业国际化模式选择问题引起了不同历史时期世界各国经济学家的广泛关注和激烈讨论,逐渐形成了一系列比较成熟的理论。

一、问题的提出

　　以亚当·斯密和大卫·李嘉图为代表的古典经济学家和以赫克歇尔和俄林为代表的新古典经济学家先后对早期的资本主义国家和部分发展中国家之间的贸易基础、贸易模式和利益分配等问题进行了研究,但涉及企业国际化模式选择的不多。因为在这个历史时期,国家是贸易活动的主要参与者,国与国之间的界限比较"明显",经济体之间非常松散,绝大部分贸易活动是建立在发达国家的工业制成品与发展中国家的初级产品之间的产业间贸易，参与贸易的国家均能获得收益，真正的大规模企业国际化活动还没有正式开始。所以，这个时期的贸易理论在市场完全竞争、规模报酬不变、需求偏好相似和要素国内流动等假设条件下，以不同国家产业间贸易为研究对象，以各个国家比较优势为研究重点，以各国比较优势开展贸易能够增加社会福祉为研究结论。一般均衡模型应用于企业所在国家或产业，企业边界局限于国内，企业规模模糊不清。由此可见，这个时期的理论假定国家内所有企业都是同质的，彼此之间不存在差异，基本上既不研究企业规模，也不研究企业边界。

　　第二次世界大战后，随着和平和发展成为世界各国的共识，国际贸易领域出现了以下新变化：发达国家之间的贸易占据世界贸易总量的绝对份额，跨国公司开始出现并且逐渐成为国际贸易的主导力量，产业内贸易取代产业间贸易成为国际贸易领域的代表形式，不完全竞争代替完全竞争成为国际贸易市场的典型特征等。由于这些现象已经超出了古典贸易理论和新古典贸易理论的研究范畴，理论界和实务界迫切希望能有一种全新的贸易理论来解释这些变化。20世纪80年代初，以保罗·克鲁格曼（Paul Krugman）为主要代表的一批经济学家利用产业组织理论和市场结构理论，用不完全竞争、规模报酬递增、多样化偏好和产品异质性的概念和思想来构筑新的贸易理论体系，解释第二次世界大战结束以来国际贸易领域呈现的新变化、新特点和新格局。新贸易理论认为，生产率差异或要素禀赋差异并不是进行国际贸易的必要条件。贸易收益不仅来源于比较优势，而且来自规模报酬、产品差异、市场竞争、重叠需求、先行优势等。贸易成本产生于市场风险、行业调整、技术升级、偏好转移、市场规模等方面。开展国际贸易可能是扩大市场规模、增加竞争程度和获取规模收益的途径。所以,参与国际贸易并不一定都能获取贸易收益,利益受损的可能性依然存在。另外,新贸易理论抛弃了新古典理论割裂贸易与投资之间联系的做法,认为国际贸易与国际投资是企业进入国际市场的不同模式。不过,虽然新贸易理论以产业为研究对象,触及了产品差异和企业规模,但是为了研究简便,仍然选用典型企业,所有企业的技术水平、市场规模、产品质量、研究开发等因素同质,既没有考虑不同企业间的差异,也没有考虑企业的边界问题。

　　进入 21 世纪,国际贸易领域又出现了一些新变化。研究成果表明,一个国家大多数企业仅在国内生产,服务国内消费者,一些企业采取直接出口模式或间接出口模式供应于国际市场,还有一些企业采取跨国并购模式或绿地投资模式驰骋全球。一些跨国公司内部贸易蓬勃发展,与此相对照,另一些跨国公司只专注自身核心竞争力业务,不断将部分业务按照全球价值链的组织规模、地理分布与生产性主体发包给其他公司。然而,着眼于产业层面的新贸易理论无法解释这些来自微观数据揭示的异质性企业贸易现象。因此,国际贸易理论又一次面临着突破、拓展和创新。

　　以梅利兹(Melitz,2003)为代表的新新贸易理论突破了新古典贸易理论和新贸易理论,将研究聚焦于异质性企业,构建了异质性企业贸易理论模型,研究企业的贸易行为、投资选择与全球生产组织模式选择。新新贸易理论的主要内容包括两个方面:一方面是异质性企业国际化选择。企业进入国际市场可以选择出口模式和投资模式,出口模式细分为直接出口模式和间接出口模式,投资模式细分为绿地投资模式和跨国并购模式。分析和解决的问题包括：什么样的企业会选择出口模式和投资模式？两种模式之间是相互依存还是相互替代？创新能否影响企业国际化模式选择？等等。另一方面是异质性企业内部化选择。企业内部化包括国内外包、国内一体化、国外外包和国外一体化。该领域分析和解决的问题包括哪种企业选择国内外包和国外外包？哪种企业进行国内一体化和国外一体化？等等。不过，无论是异质性企业国际化选择还是异质性企业内部化选择，学界较少在企业异质性视角下研究创新、企业生产率与国际化模式选择的关系。

综上所述，在企业异质性视角下，从创新的角度研究企业国际化模式选择是新新贸易理论的前沿方向，具有较强的前瞻性、先导性和探索性。所以，本书选择这个分支作为研究主体。

二、现实背景与研究意义

经过国际化经营战略的探索期、雏形期、计划期和落实期，我国企业规模优势明显，质量稳中有升。因此，如何引导企业选择适宜的国际化模式，增强企业国际化经营能力，全面提升我国企业国际竞争力是目前我们需要仔细考虑的战略问题。这是现实依据之一。

近三十年来，出口一直是拉动中国经济快速增长的"引擎"。近些年，部分发达国家进入主权债务危机爆发高危期，国际金融和商品市场持续动荡，贸易投资保护主义呈现泛滥势头，国内经济增速放缓，这些因素纵横交错，盘根错节，制约了我国出口贸易的稳定回升。国际货币基金组织（IMF）于2019年4月发布的《世界经济展望》报告显示，2018年世界经济增长率为3.6%，低于2017年0.2个百分点。据IMF的最新预测，2019年全年世界经济整体增长率将为3.3%,为近三年来最低水平。其中,发达国家2019年全年经济增长率仅为1.8%,包括美国2.3%、欧元区1.3%、英国1.2%、日本1.0%;新兴经济体和发展中国家2019年全年经济增长率为4.4%,包括中国6.3%、俄罗斯1.6%、巴西2.1%、南非1.2%。根据我国商务部2019年5月发布的《中国对外贸易形势报告(2019年春季)》显示,2019年第一季度,中国货物贸易进出口总额70051亿元,增长3.7%。其中,出口37674亿元,增长6.7%;进口32377亿元,增长0.3%。如果以美元计,2019年第一季度,中国外贸进出口总额10272亿美元,下降1.5%。其中,出口5518亿美元,增长1.4%;进口4755亿美元,下降4.8%。因此,如何加快转变外贸发展模式,积极培育外贸竞争新优势,不断增强经济长远发展后劲成为我国理论界和实务界非常关注的焦点。这是现实依据之二。

新新贸易理论认为,只有生产率较高的企业才能进入国际市场,进行国际化经营,生产率较低的企业只能服务国内市场,生产率最低的企业不得不退出市场。《中华人民共和国国民经济和社会发展第十三个五年规划纲要》提出:“把发展基点放在创新上,以科技创新为核心,以人才发展为支撑,推动科技创新与大众创业万众创新有机结合,塑造更多依靠创新驱动、更多发挥先发优势的引领型发展。”提高企业创新能力,增强企业核心竞争力已经成为推动我国信息化与工业化良好融合、实现经济发展方式战略性转变的重要举措。那么,在企业异质性视角下,创新、企业生产率与国际化模式选择之间存在什么关系,创新是否影响企业国际化模式的生产率效应,创新能否丰富企业国际化模式选择等,是我国企业在开展国际合作与交流、探索合作新模式、提高国际化发展水平过程中必须考虑的重要问题。这是现实依据之三。

在企业异质性视角下，以新新贸易理论为基础，以《世界银行微观企业数据库》提供的中国微观企业数据为样本，研究创新、企业生产率与国际化模式选择之间的关系，具有重要的理论价值和现实意义。

一方面，在理论层面，在企业异质性视角下，以中国企业微观数据为样本，研究创新、企业生产率与国际化模式选择之间的关系，一定程度上推进了新新贸易理论的发展。目前国外相关研究主要集中于分析和检验异质性、企业生产率与出口模式选择三者之间的关系，异质性、企业生产率与外商直接投资模式三者之间的关系，企业生产率、出口模式与外商直接投资模式三者之间的关系，贸易自由化、中介组织、异质性企业动力系统与国际模式选择之间的关系等。国内相关研究主要集中于生产率悖论的检验与解释，企业生产率与出口贸易模式选择，企业生产率与外商直接投资模式选择，贸易自由化、企业生产率与国际化模式选择等。无论是国外还是国内，现有文献均缺乏对创新、企业生产率与国际化模式选择以及两种模式内部彼此之间关系的研究。因此，本书研究成果在一定程度上丰富了新新贸易理论的内涵，推进了国际贸易理论的发展。

另一方面，在实务层面，在企业异质性视角下，将创新、企业生产率与国际化模式选择三者联系起来，为我国企业选择适宜的模式进入国际市场提供了重要的理论支撑。在生产率差异确定情况下研究异质性企业国际化模式选择，分别研究了创新、企业生产率与国际化模式选择之间的内在关系，同时运用微观企业数据进行实证分析，从而得到一些重要结论。当前，我国实施"走出去"战略面临新的发展机遇,企业如何在更大规模、更广范围、更高层次上成功走出国门、走向世界,主导国际市场定价权和国际标准制定权,参与和引领国际经济合作竞争新优势是一个值得深入思考的战略性问题。本书研究成果在一定程度上可以解决这些问题,因此,具有非常重要的现实指导意义。

三、研究思路、方法及技术路线

(一)研究思路

总体来说,由基础部分、理论部分、实证部分与结论部分组成。基础部分从相关文献回归与评述开始,进行了企业国际化模式选择的理论综述。理论部分从理论上分析创新、企业生产率与国际化模式选择之间的内在机理,具体包括企业异质性与企业国际化模式选择,创新、企业生产率与出口模式选择,创新、企业生产率与投资模式选择。实证部分以世界银行提供的中国微观企业数据为主,利用最小二乘法、二元选择模型等模型进行实证分析,并进行稳健性检验。最后,将基础部分、理论部分和实证部分的结论归纳总结得到全书的结论,并进行了研究展望。

(二)研究方法

研究方法是在科学研究中发现新事物、新现象、新问题,或提出新理论、新思想、新观点,揭示研究内容内在规律的途径或工具。本书试图采用理论研究、经验研究与案例分析相结合,定性分析、建模分析与统计分析相结合的方法进行系统化研究,使用的方法主要包括文献分析、理论分析、计量回归等。

（三）技术路线

根据总体研究框架和研究方法，本书研究的技术路线见图0-1。

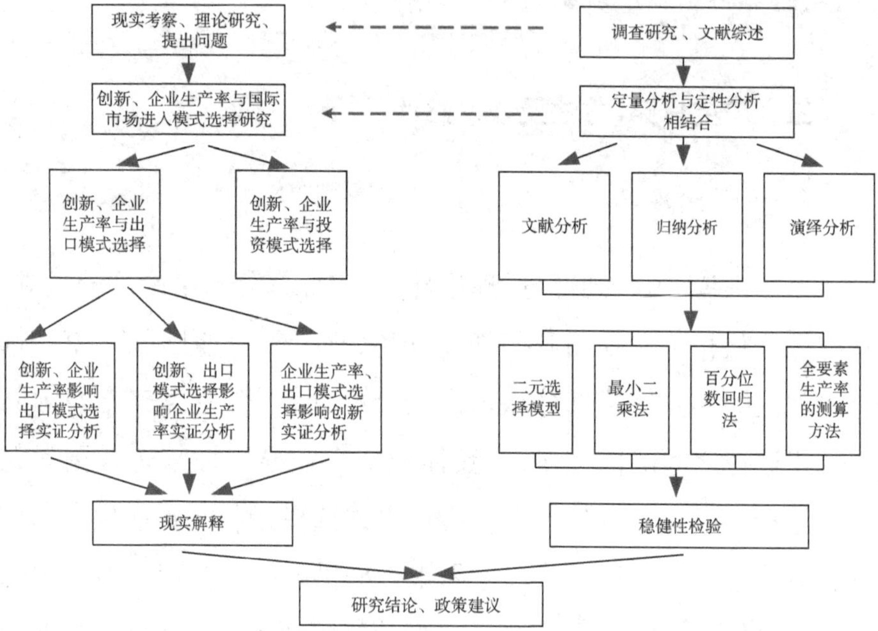

```
┌──────────────┐              ┌──────────────┐
│现实考察、理论研究、│  ◄ ─ ─ ─ ─ ─  │调查研究、文献综述│
│  提出问题    │              │              │
└──────┬───────┘              └──────┬───────┘
       ▼                             ▼
┌──────────────┐              ┌──────────────┐
│创新、企业生产率与国际│ ◄ ─ ─ ─ ─ ─  │定量分析与定性分析│
│市场进入模式选择研究│              │    相结合    │
└──────┬───────┘              └──────┬───────┘
```

图 0-1　本书研究的技术路线图

四、研究内容

根据研究框架，全书的研究内容包括以下几个方面。

导论主要阐述选题背景与意义、研究思路和方法、研究内容与重点、可能的创新之处。

第一章是相关理论与研究成果综述。首先，进行企业国际化理论的国内外研究进展综述，包括企业国际化的成长发展、企业国际化的模式选择和企业国际化的影响因素；其次，进行异质性、企业生产率与国际化模式选择综述，包括异质性、企业生产率与出口模式选择,异质性、企业生产率与投资模式选择综述;再次,进行创新、企业生产率与国际化模式选择综述,包括创新、企业生产率与国际化模式选择之间互动关系;最后,进行文献评述总结,包括国内研究的现状及评述,未来国内外发展趋势。

第二章是企业异质性与国际化模式选择理论分析。首先,界定企业异质性的内涵;其次,指出企业异质性是国际贸易中的一个普遍现象,从国家层面、区域层面和产业层面进行例证;再次,在赫尔普曼—梅利兹—耶普尔(Helpman、Melitz 和 Yeaple,2004,HMY)框架下回顾异质性企业国际化模式选择,包括模型基本假设、初始均衡状态和理论评述。

第三章是创新、企业生产率与出口模式选择理论分析。首先,进行异质性、企业生产率与出口模式选择理论分析,回顾了梅利兹(Melitz)的经典模型,并进行创新、企业生产率与间接出口模式选择理论分析;其次,进行异质性、出口模式选择对企业创新的影响分析;再次,考虑出口贸易与对外直接投资:当运输成本为零时的情况,包括提出问题、模型基本假设、最优国际化模式选择、创新是否发挥作用、图形展示等;最后,进行创新、企业生产率对出口模式选择的影响分析,包括卡尔德拉(Caldera)的典型分析与评述,不同创新程度的异质性企业出口模式选择,不同创新类型的异质性企业出口模式选择。

第四章是创新、企业生产率与投资模式选择理论分析。首先,进行企业异质性与不同类型对外直接投资选择理论分析,包括模型基本假设、模型拓展:考虑联合经营的情况、最优国际化模式、创新是否影响最优模式的选择等;其次,进行创新、企业生产率与出口平台型外商直接投资(FDI)选择理论分析,包括模型基本假设、边际成本和利润函数、企业利润最大化决策、最优国际化模式选择、创新的作用等。

第五章是创新、企业生产率与国际化模式选择实证分析。本章以出口模式为例,实证分析创新、企业生产率与国际化模式选择。首先,进行创新、企业生产率影响出口模式选择实证分析,包括理论背景和现实状况、模型构建及提出假设、数据来源及指标筛选、构建模型与回归结果分析、结论;其次,进行创新、出口模式选择影响企业生产率实证分析,包括数据来源、指标筛选、实证结果分析和结论;再次,进行企业生产率、出口模式选择影响创新实证分析,包括已有成果的不足、变量筛选与描述性统计等。

第六章是研究结论与政策建议。本章的主要结论是企业进入国际市场必须选择与生产率相适宜的模式,创新能够显著地丰富企业选择国际化模式的内涵,创新、企业生产率与国际化模式选择三者之间存在良性互动关系等,主要结论的政策含义是企业选择国际化模式主要依据的是企业生产率的相对水平,企业应不断进行创新,努力提高创新绩效,提升企业国际化经营水平,降低政府补贴,逐步扩大企业规模。未来的研究可以在企业异质性视角下进行贸易中介对国际贸易的影响研究,产品品质异质性与中国企业出口行为研究,企业异质性视角下中国跨国公司相关问题研究。

五、研究重点

根据研究框架和研究内容,研究重点主要包括以下几个方面。

第一,将创新因素纳入已有的研究体系中,理论分析创新对两种国际化模式的生产率效应的影响。梅利兹和初勒(Melitz 和 Treler,2012)认为,由贸易创新引起的企业高效率生产是贸易获利的重要渠道和途径。因此,创新是否通过影响企业生产率进而导致作出不同的进入模式选择,是否引起国际化模式之间相互发生转换、跳跃或者升级,是否诱导之前由于生产率过低而退守国内市场的企业选择适宜的最优进入模式,重新走向国际市场,进行国际化运营,是重点分析的问题。

第二,在生产率差异确定的情况下,着重分析异质性企业进入国际市场的模式选择,为下文进行理论分析和实证分析奠定坚实的基础。如何在新新贸易理论框架下,将企业生产率与进入国际市场的出口模式和投资模式联系起来,充分考虑两种模式之间可能存在的互补、替代或独立关系,分析企业生产率差异确定和未确定两种情况下进入国际市场的最优模式选择,是研究的难点。

第三,将创新因素纳入已有的研究体系中,以出口模式为例,实证分析创新对两种国际化模式的生产率效应的影响。理论分析的结论需要得到微观数据的支撑。运用最小二乘法、二元选择模型等模型对创新、企业生产率与国际化模式选择进行实证分析。在这个部分,一方面,选择不同的解释变量和被解释变量可能导致不同的回归结果;另一方面,测算企业生产率是实证分析顺利进行的重要前提。选择指标和确定测算方法是这个部分的研究难点。

六、创新之处

第一,在企业异质性视角下,将创新因素纳入新新贸易理论框架内,丰富了理论内涵。已有成果认为不同生产率水平的企业选择不同国际化模式,但是并没有系统解决为什么有些企业之前没能进入国际市场,而经过技术创新后则进入国际市场,也没有解释为什么有国际市场经验的企业生产率水平更高,等等。将创新因素纳入新新贸易理论框架内,发现创新通过影响企业生产率进而导致作出不同的进入模式选择,引起国际化模式之间相互发生转换、跳跃或者升级,诱导之前由于生产率过低而退守国内市场的企业选择适宜的最优进入模式,重新走向国际市场,进行国际化运营。

第二,在企业异质性视角下,综合考虑了不同国际化模式的最优选择问题。已有的国外研究和国内大部分研究在进行国际化模式最优选择时,大多假定异质性企业之间的生产率差异是确定的。但是,在现实中,由于信息不对称和数据不完整,企业生产率是一个连续随机变量和动态决策变量,因此,生产率差异动态变化才是异质性企业进入国际市场过程中的常态。在企业异质性视角下,综合考虑了不同国际化模式的最优选择问题,研究创新、企业生产率与国际化模式选择之间的关系,在一定程度上丰富了新新贸易理论的内涵,促进了国际贸易理论的发展。

第一章 相关理论与研究成果综述

从国际贸易理论发展来看,传统贸易理论主要研究产业间贸易,新贸易理论主要研究产业内贸易。无论是产业间贸易还是产业内贸易,这些理论均假定企业是同质的,某一个企业可以代表所在行业的所有企业,忽视了行业内其他企业的具体特征。近些年,以梅利兹(Melitz,2003)为代表的经济学者开始在微观层面考察企业异质性及其在国际贸易理论发展中的重要性,从而开辟了国际贸易理论新的领域。这些研究成果对一些国际贸易经验事实给予了令人信服的诠释,同时也为下一步研究提出了崭新的研究方向和重要的研究课题。

第一节 企业国际化理论的国内外研究进展

自20世纪60年代至今,国内外众多学者从产业组织、交易成本、企业能力、社会网络、企业家精神等不同视角对企业国际化的相关问题进行解释,形成了不同的理论范式和流派(王国顺等,2009)。

一、企业国际化的成长发展

田志龙等（2007）认为，我国企业国际化成长的动因和驱动力在不同阶段内容不同。具体来说，初期是获取资源与市场，后期是获取战略资产与效率。王国顺、郑准（2008）认为，企业国际化的成长，从实质上，就是企业逐步构建、发展、延伸、利用和完善国际关系网络的过程。钱海燕等（2010）发现，不同类型的社会资本对国际化绩效的影响不同。比如，表示企业之间关系的横向社会资本正向影响国际化绩效，而表示中小企业与政府及相关支持机构之间关系的纵向社会资本负向影响国际化绩效。洪联英、罗能生（2007）认为，由于我国企业生产率总体水平较低，所以，外商直接投资企业和外向型出口企业在国际化路径上展现不同的效应，前者在"走出去"的路径上存在异质性企业行为趋同，后者在"国内参与国际化"的路径上存在技术技能劣势效应。费尔南多（Fernando，2012）从动态角度研究了进入国际市场能够提高企业生产率水平。

二、企业国际化的模式选择

企业国际化的模式选择是一种制度安排。通过这种制度安排，企业可以将产品、技术、人力等资源转移到其他国家。乔立、金占明（2009）认为，企业决策者的个人关系促使企业进入国际市场，不足之处是这种模式给企业带来了较高的风险，而企业关系则不会影响其国际化模式。赵曙明等（2010）依据企业的内生和外生条件及国际化路径将企业国际化的主要进入模式归纳为契约进入模式、贸易进入模式、投资进入模式和战略联盟进入模式。契约进入模式是企业将其开发的专有技术或诀窍（Know-How）转让给国外合作伙伴，允许其在某些条件和期限内使用的一种国际化模式,包括特许生产、特许经营和外包;贸易进入模式是企业直接或间接地将产品或服务运输到国外,在国外市场上进行销售,包括直接贸易模式和间接贸易模式;投资进入模式包括绿地投资和跨国并购;战略联盟进入模式适用于实力强大、竞争优势明显的企业,包括研发联盟、生产联盟、销售联盟和合资企业模式联盟。许晖、余娟(2007)认为,不同国际化模式所体现的具体形式、经营特点以及面临的风险特征等方面具有较大差异。

三、企业国际化的影响因素

企业国际化不仅受到国内因素的影响,而且也受到国际因素的制约。在经济全球化和国内竞争国际化的背景下,企业国际化发展正在成为中国企业发展战略的重要组成部分。特别是2004年以来,中国企业以大型跨国并购为主要模式的国际化战略日益引起国内外的广泛关注。樊增强(2005)认为,企业的技术水平、产品战略、海外投资的固定成本、母国与东道国的文化差异、东道国的管制与工业化程度均影响企业国际化进程。中国企业应该采取"差异化""本地化""渐进推进"等战略,以提升中国企业的国际竞争力。王增涛、庄贵军、樊秀峰(2005)认为,在中国制造企业的国际化过程中,影响企业国际化战略实施效果的三个主要因素分别是企业的国际化愿望、国际化需要和国际化能力。

第二节　异质性、企业生产率与国际化模式选择

进入21世纪,国际贸易领域又出现了一些新现象。一些跨国

公司内部贸易蓬勃发展,与此相对照,还有一些跨国公司只专注自身核心竞争力业务,不断将部分业务按照全球价值链的组织规模、地理分布与生产性主体发包给其他公司。然而,着眼于产业层面的新贸易理论无法解释来自微观数据揭示的异质性企业贸易现象,因此,国际贸易理论的发展又一次面临着拓展、突破和创新。以梅利兹等(Melitz 等,2003)为代表的新新贸易理论突破了新古典贸易理论和新贸易理论的产业层面,将研究聚焦于异质性企业,构建异质性企业理论模型,研究企业的贸易行为、投资选择与全球生产组织模式选择。

一、异质性、企业生产率与出口模式选择

贾凯迪(Giachetti,2012)发现,研发投入越高的企业越容易出口,但出口意愿强烈的企业研发投入并不一定越高。福斯蒂诺等(Faustino 等,2012)发现,生产率水平和权益资本在静态分析中积极影响了葡萄牙的出口贸易量,在动态分析中,企业创新绩效影响了葡萄牙的出口贸易量。莫瓦赫迪等(Movahedi 等,2012)发现,企业创新活动可以很大程度上解释为什么生产率更高的企业选择出口,而生产率较低的企业选择在国内生产。凯西李(Cassey Lee,2008)发现,出口和产业技术特征可能会影响企业从事研发活动,但不会影响研发支出。卡斯蒂列霍等(Castillejo 等,2009)发现,创新、生产率与出口贸易行为选择之间不存在任何关系。康志勇(2011)采用 Tobit 模型,就我国制造业企业的出口行为是否具有"出口中学习"、是否具有促进企业自主创新的作用效应进行了实证检验。余官胜(2011)发现,任何促进出口贸易或技术创新的政策均能一举两得,同时对两者起推动作用。刘秀玲(2012)发现,

中国出口企业技术创新具有明显的异质性。李平、田朔(2010)认为,出口贸易的水平效应对技术创新产生了积极的影响。郭晶、杨艳(2010)认为,我国高技术制造业出口复杂度的提升主要来自经济增长,而不是技术创新。邵敏(2012)发现,我国企业的出口行为能在出口后的 1 年或 2 年内显著提高企业生产率增长率,但此后该影响作用并不显著,出口贸易未能促进我国企业生产率的持续增长。

在企业异质性视角下部分学者开始研究企业生产率与间接出口模式之间的关系。阿克曼(Akerman,2010)发现,处于中介生产率水平的企业同样存在国际化的可能;固定出口成本与贸易中介的作用紧密相关。勃鲁姆等(Blum 等,2010)着重探讨了中介技术影响企业国际化模式的内在机理。阿恩等(Ahn 等,2011)将企业异质性划分为仅供国内市场的企业、贸易中介企业与直接出口企业三种,构建了异质性中介贸易模型,研究结果发现,生产率居中的企业可以选择通过贸易中介进行国际化。卢等(Lu 等,2011)认为,具有最高生产率的企业会选择直接出口,生产率次之的企业会选择直接出口或贸易中介,生产率较低的企业会选择间接出口,生产率最低的企业会选择国内销售。勃鲁姆等(Blum 等,2011)认为,中介技术在国际化机会搜寻、匹配及贸易形成过程中发挥着重要作用。

二、异质性、企业生产率与投资模式选择

隆平等(Ryuhei 等,2012)认为,不管市场结构如何,这种影响在高工资地区比低工资地区更加明显,而且企业生产率越高,外商直接投资的数量就越多。瓦赫德(Vahter,2011)认为,在短期 FDI

不能影响本地企业的生产率增长,但能积极影响创新过程中与生产率边界无关的外溢效应。恩格尔和柏舍(V. D. Engel 和 V. Procher,2012)认为,具有更加广阔的投资策略和更加明显的市场驱动动机的企业显示出更高的生产率水平。赫兹(Herzer,2012)发现,外向型 FDI 与企业生产率之间存在非常明显的双向积极变动关系。亚利德、肖恩、田中和清康(Arita、Shawn、Tanaka 和 Kiyoyasu,2012)认为,不断降低 FDI 壁垒可以诱导更有效率的企业生产出更高比例的国外产品。赫兹(Herzer,2011)利用 33 个发展中国家的数据和协整方法考察了外商直接投资与企业生产率之间的长期变动关系。许文忠等(Wen-Chung Hsu 等,2011)利用中国 1991—2007 年 15 个工业企业的数据检验外向型 FDI 与本土企业生产率之间的关系。田中步(Tanaka Ayumu,2012)依据日本工业企业数据,考察是否行业内生产率越高的跨国企业在国外的外商直接投资越多。俊之松浦和一信早川(Toshiyuki Matsuura 和 Kazunobu Hayakawa,2012)认为,在国内外降低贸易成本吸引较低生产率的垂直型外商直接投资(VFDI)企业,却不能吸引水平型外商直接投资(HFDI)企业。俊之松浦和一信早川(Toshiyuki Matsuura 和 Kazunobu Hayakawa,2011)研究结果表明,降低发展中国家间的贸易成本,可以吸引更多高生产率的跨国企业进行直接投资。马吉特等(Marjit 等,2011)发现,吸引 FDI 的企业其生产率高于无 FDI 的企业。徐新平和余声(Xu 和 Yu,2012)发现,在区域层面,FDI 对企业生产率呈现出显著的正向外溢效应,FDI 的地理分布影响溢出效应。李汉克和拉格曼(Lee In Hyeock 和 Rugman Alan M.,2012)考察了企业特有优势对韩国跨国公司绩效的影响。科吉(Koji,2011)发现,企业生产率与 FDI 之间存在显著的正向相关关系。

第三节 创新、企业生产率与国际化模式选择

创新是企业发展壮大的根本动力。不过,在企业异质性假定下,创新与企业国际化模式选择之间是否存在关系,理论界没有统一的认识。

一、创新、企业生产率与国际化模式选择之间没有关系

部分成果认为创新、企业生产率与国际化模式选择之间没有关系。达米詹、克斯特维克和波兰尼克(Damijan、Kostevc 和 Polanec,2010)认为,没有任何证据显示创新与出口贸易行为选择之间有明显的关系。凯西李(Cassey Lee,2008)利用马来西亚制造业企业的数据检验创新、企业生产率与贸易强度之间的关系。结果表明,产品创新对提高企业生产率没有影响而过程创新则会显著提高企业的生产率。布鲁诺等(Bruno 等,2007)发现,是产品创新而不是过程创新影响了企业生产率。皮特瓦特(Priit Vahter,2010)利用爱沙尼亚工业企业数据研究企业选择投资模式对企业生产率增长率的影响。结果表明,没有任何证据表明投资模式在短期内会显著地影响当地企业的生产率增长率。不过,投资模式与企业过程创新之间存在正向溢出效应。

二、创新、企业生产率与国际化模式选择之间存在互动关系

部分成果认为,创新、企业生产率与国际化模式之间存在互动关系。例如,产品创新,而不是过程创新,增加了企业出口的可能

性(Becker 和 Egger,2007)。创新特别是产品创新,增加了企业出口的可能性,而且中小非出口型企业的可能性最大(Cassiman 和 Martinez-Ros,2010)。创新(包括产业创新和过程创新)和生产率增加了非出口型企业成为出口型企业的可能性(Van Beveren 和 Vandenbussche,2010)。积极进行创新活动的企业拥有一个较高的生产率,更有可能成为出口商(Viroj 和 Mohammad,2012)。同时,出口企业能够从国际市场学习生产经验和积累必要的知识,可以进一步推进企业开展创新活动,形成一个良性循环。赵伟等(2012)发现全要素生产率(TFP)因素对所有类型企业的创新倾向均具有显著的正向影响,即表现出明显的"创新自选择"效应。罗伯特和朱利奥(Roberto 和 Giulio,2010)发现,国际化程度较高的企业具有更加强烈的创新偏好,雇用比例更大的知识密集型工人和更加先进的组织和管理理念。卡斯蒂列霍等(Castillejo 等,2009)发现,企业直接出口效应来源于企业较高的生产率,间接出口效应来源于过程创新的生产率效应。

第四节　研究评述

一、国内研究的现状及评述

在企业异质性视角下,国内外学者的成果丰富了新新贸易理论的内涵,促进了国际贸易理论的发展,为我国企业走出国门、走向国际市场提供了重要的理论指导。不过,总体来说,国内前沿研究仍然停留在对外国优秀成果的援引和借鉴阶段,专门针对异质性企业国际化模式选择的深层次研究成果仍然十分匮乏,国内至今尚未出现大规模的优秀研究论文和论著,国内同期相关研究滞后于国外。

已有部分成果开始涉及异质性企业国际化模式选择问题,但许多现实问题仍然得不到合理的解释。在文献综述部分,已有成果开始在企业异质性假定下研究企业国际化模式选择,具有较高的学术价值,不过一些重要的现实问题和理论问题仍然没有得到解决,比如在企业异质性视角下,在生产率存在差异的情况下,企业如何在不同国际化模式之间进行选择? 不同国际化模式之间是否存在替代抑或互补的关系? 贸易中介是否能够改变企业国际化模式选择? 创新因素能否诱导企业从较低的国际化模式跃升到较高层次的进入模式? 等等。这些问题与我国企业国际化问题紧密相关,需要不断充实和丰富。

二、未来国内外发展趋势

国内外学术界在产业国际化、企业国际化、异质性企业等领域已经取得了大量有价值的研究成果,但是专门针对异质性企业国际化模式选择与创新的理论和实证研究尚少。鉴于这项研究的学术价值和现实意义,理论研究者应结合异质性企业的具体特征,采用多学科交叉的研究方法,在企业实地调研的基础上,从理论和实证两个层面对国际化模式选择与创新影响展开系统研究,重点从异质性视角关注企业国际化模式选择以及创新影响企业不同国际化模式的实现机理,结合调研数据对这些论断进行实证分析。

同时,在理论层面,以梅利兹模型为核心的新新贸易理论开启了国际贸易研究的新领域,具有丰富而深刻的政策蕴涵,不过,缺乏研究创新、企业生产率与国际化模式选择三者之间的关系。在实践层面,近些年,我国进入国际市场的企业规模优势明显,质量稳中有升。与此同时,世界贸易保护主义不断抬头,我国企业遭受贸易摩擦案件不断增加,迫切希望理论研究成果能够引导企业通过不断增加创新绩效实现生产率的不断提高,进而选择适宜的进入模式,在更大规模、更广范围、更高层次上走出国门、走向世界,努力主导国际市场定价权和国际标准制定权。

从贸易理论发展来看,由梅利兹(Melitz,2003)等学者开创的异质性企业贸易理论将国际贸易理论的研究视角由国家、产业转向了企业微观层面,开创了新的发展领域,标志着国际贸易理论进入新的发展阶段,由此得到的结论,更令人信服,也更具有现实指导意义。不过,正如前文所述,已有国内外研究成果仍存在不足之处,例如在生产率存在差异的情况下异质性企业如何在不同国际化模式之间进行选择,创新、企业生产率与不同国际化模式之间是否存在互动关系等,需要国内外学者继续加强研究。

第二章　企业异质性与国际化模式选择理论分析

赫尔普曼等(Helpman 等,2004)开创性地将 FDI 纳入异质性企业贸易理论中,构建了梅利兹—赫尔普曼—耶普尔(HMY)模型。该模型表明,由于承担生产成本各异,不同生产率水平的企业会选择不同的模式进入国际市场。由于该研究成果具有较强的理论价值和现实意义,因此,引起了各国学者和政策制定者的关注。本章首先界定了企业异质性的内涵,其次在国家、区域和产业层面通过微观数据说明了企业异质性是国际贸易的一个普遍现象,最后回顾赫尔普曼等的成果,并指出其不足和未来的研究方向。

第一节　企业异质性的内涵

一、企业异质性的定义

企业异质性是一个与企业同质性相对应的经济学概念和普遍现象。企业同质性是新古典经济学的基本假设之一,含义是市场上所有的企业是完全同质的,都是最优化生产者,这种观点的不足之处是从根本上消除了微观主体对资源配置的内在影响(刘刚,2002)。事实上,现实中的微观主体不仅在同一个国家内不是同质的,而且在一个地区内也不是同质的,甚至在一个产业内部也不是同质的。企业同质性仅仅是一种理想假设,企业异质性才是现实普遍存在的情况,企业是一个历史的持续内生成长和演化的有机体,企业在成长中所积累的核心知识和能力既是独特的和有价值的,也是非竞争性的和难以模仿与替代的(杨瑞龙、刘刚,2002)。此外,企业竞争行为的内在性和多样性是现实经济持续变迁的根源(陈策,2010)。

二、企业异质性的表现形式

从目前国内外的研究成果来看,企业异质性依然是一个"黑箱子"。一部分国内外学者认为,企业异质性主要表现在企业生产率的不同,即只有生产率较高、产品价格较低的企业选择适宜的进入模式才能进入国际市场,企业生产效率越高,产品价格越低,企业选择的进入模式越适宜,企业获取的利润就越多。代表性文献有梅利兹(Melitz,2003)、伯纳德等(Bernard 等,2003)、赫尔普曼等(Helpman 等,2004),等等。另一部分国内外学者认为,企业异质性主要体现在企业产品品质的异质,即只有产品品质(Product Quality)和产品价格较高的企业选择适宜的进入模式才能进入国际市场,企业产品品质和产品价格越高,企业选择的进入模式越适宜,企业获得的利润就越多。代表性文献有费尔霍根(Verhoogen,2008)、库里勒和费尔霍根(Kugler 和 Verhoogen,2008)、安托万·热尔伟(Antoine Gervais,2013)等。围绕企业异质性,国内外学者从各个视角展开了研究,已经取得了不少成果。

尽管如此,在异质性企业贸易理论研究中,企业异质性至今仍然没有一个获得广泛认可的定义。企业异质性既包括企业组织形式的差异,又包括产业内不同企业生产率的差异。同时,为了便于研究,界定企业异质性仅体现在企业生产效率的异质,而不讨论企业产品品质的异质,也不讨论企业组织形式的差异,例如国内外包、国内一体化、国外外包和国外一体化等。

第二节　企业异质性:国际贸易中的一个普遍现象

企业异质性是国际贸易中的一个普遍现象。伯纳德等(Bernard 等,1995)转换了研究视角,开创性地研究国际贸易中企业异质性的现象。他利用美国 1976—1987 年间制造业企业的数据,全面描述了出口企业与非出口企业的特征差异。其实,企业异质性不仅仅局限于这些样本。

一、国家层面:中国工业出口企业与非出口企业的异质性

表 2-1 是中国工业出口企业与非出口企业比较。从横向来看,2002 年中国工业出口企业增加值平均为 3110.6 万元,非出口企业为 1179.3 万元,前者是后者的 2.64 倍,前者方差是后者的 4.09 倍。销售收入前者均值是 11865.7 万元,后者是 4201.9 万元,前者是后者的 2.82 倍,前者方差是后者的 3.71 倍。就业人数前者均值是 507 人,后者是 224 人,前者是后者的 2.26 倍,前者方差是后者的 2.85 倍。资本劳动比前者均值是 6.9 万元/人,后者是 7.0 万元/人,前者与后者基本持平。平均工资前者是 1.3 万元/人,后者是 1.0 万元/人,前者是后者的 1.3 倍。全要素生产率

前者是 110,后者是 93,前者是后者的 1.18 倍。主营业务利润率前者是 0.02%,后者与前者持平。从 2002 年出口企业与非出口企业相关指标来看,除了个别情况之外,不仅增加值、销售收入与就业人数层面,而且平均工资、全要素生产率等层面,出口企业比非出口企业表现更加优秀,与新新贸易理论成果保持一致。2004 年和 2006 年情况同样如此。从纵向来看,不仅出口企业与非出口企业存在异质性,而且不同年份出口企业之间、非出口企业之间均存在异质性。例如,2002 年出口企业增加值为 3110.6 万元,2004 年出口企业增加值为 3236.5 万元,比 2002 年增加了 4.05%。2006 年出口企业增加值为 5085.7 万元,比 2004 年增加了 57.14%,比 2002 年增加了 63.50%。2002 年非出口企业销售收入为 4201.9 万元,2004 年非出口企业销售收入为 4289.5 万元,比 2002 年增加了 2.08%,2006 年非出口企业销售收入为 6265.8 万元,比 2004 年增加了 46.07%,比 2002 年增加了 49.12%。其他指标与销售收入相似,不再赘述。

表 2-1　中国工业出口企业与非出口企业比较

年份	指标	出口企业		非出口企业		方差差异比例
		均值	方差	均值	方差	
2002	增加值(万元)	3110.6	20216.6	1179.3	4946.6	4.0870
	销售收入(万元)	11865.7	73135.2	4201.9	19693.6	3.7137
	就业人数(人)	507	1667	224	584	2.8545
	资本劳动比(万元/人)	6.9	21.8	7.0	48.2	0.4523
	平均工资(万元/人)	1.3	8.5	1.0	2.1	4.0477
	全要素生产率(TFP)	110	521	93	159	3.2767
	主营业务利润率(%)	0.02	0.12	0.02	0.20	0.6000

续表

年份	指标	出口企业		非出口企业		方差差异比例
		均值	方差	均值	方差	
2004	增加值(万元)	3236.5	28064.3	1173.4	26421.5	1.0622
	销售收入(万元)	13049.0	102061.1	4289.5	26421.5	3.8628
	就业人数(人)	392	1256	155	337	3.7270
	资本劳动比(万元/人)	7.2	25.3	7.5	35.4	0.7147
	平均工资(万元/人)	1.5	2.3	1.2	3.3	0.69707
	全要素生产率(TFP)	117	342	103	188	1.8191
	主营业务利润率(%)	0.03	0.11	0.03	0.11	1.0000
2006	增加值(万元)	5085.7	41768.8	1757.9	10362.8	4.030648
	销售收入(万元)	20273.2	162046.1	6265.8	36919.4	4.3892
	就业人数(人)	446	1580	154	341	4.6334
	资本劳动比(万元/人)	8.1	22.5	8.9	22.7	0.9912
	平均工资(万元/人)	1.9	1.5	1.5	1.2	1.2500
	全要素生产率(TFP)	147	296	136	214	1.38318
	主营业务利润率(%)	0.03	0.10	0.04	0.10	1.000

资料来源:陈文芝:《贸易自由化与行业生产率——企业异质性视野的机理分析与实证研究》,中国社会科学出版社 2013 年版。

二、区域层面:中国主要城市相应产业的异质性

世界银行提供了 2012 年中国主要城市相关产业企业规模的数据,这些城市包括北京、成都、大连、东莞、佛山、广州、杭州、合肥、济南、洛阳、南京、南通、宁波、青岛、上海、沈阳、深圳、石家庄、苏州、唐山、温州、武汉、无锡、烟台、郑州等。其中,行业代码 73 代表百分之百由政府所有,A 代表小企业(工人人数为 5—19 人);B 代表中等企业(工人人数为 20—99 人);C 代表大型企业(工人人数在 100 人以上)。在产业层面,相关产业中企业的规模表现出较

为明显的异质性:代码为 15 的产业中共有 147 个企业;代码为 17 的产业中共有 154 个企业;代码为 18 的产业中共有 126 个企业;代码为 24 的产业中共有 143 个企业;代码为 25 的产业中共有 149 个企业;代码为 26 的产业中共有 150 个企业;代码为 27 的产业中共有 89 个企业;代码为 28 的产业中共有 175 个企业;代码为 29 的产业中共有 152 个企业;代码为 31—32 的产业中共有 161 个企业;代码为 34 的产业中共有 135 个企业;代码为 38 的产业中共有 112 个企业;代码为 45 的产业中共有 133 个企业;代码为 50 的产业中共有 144 个企业;代码为 51 的产业中共有 146 个企业;代码为 52 的产业中共有 153 个企业;代码为 55 的产业中共有 150 个企业;代码为 60 的产业中共有 143 个企业;代码为 72 的产业中共有 138 个企业;代码为 73 的产业中共有 148 个企业。在城市层面,A 代表小企业(工人人数为 5—19 人),最多的是南京,共 51 个;B 代表中等企业(工人人数为 20—99 人),最多的是广州,共 54 个;C 代表大型企业(工人人数在 100 人以上),最多的是宁波,共 82 个。企业最多的城市是深圳和唐山,共 121 个。在企业层面,小企业共有 47 个,不过,在各个产业间分布差异很大,代码为 51 的产业中共有 12 个企业;代码为 15、24、26、29、38、73 的产业各有 1 个企业,另外,代码为 17、18、25、27、28、31—32、34 的产业没有任何企业。中等企业共有 40 个,代码为 45 的产业中有 6 个企业,代码为 55、72、29、38、15、18、34、50、52、60 的产业中分别有 5、4、3、3、2、2、2、2、2、2 个企业,其他产业(除 73)各有 1 个企业。大型企业共有 35 个,代码为 26、28、45、55、73 的产业各有 3 个企业;代码为 15、17、24、25、29、60 的产业各有 2 个企业,其他产业(除 38)各有 1 个企业。因此,无论在产业层面,还是在城市层面,甚至在企业层面,以企业规模为例,企业均表现出较为明显的异质性。当然,还有很多事实说明企业异质性的普遍存在。

三、产业层面:中国制造业企业的异质性

首先,利用2001—2006年《中国工业企业数据库》提供的中国工业企业年度经营数据,对中国制造业企业的异质性进行描述。《中国工业企业数据库》是国家统计局组织整理的规模以上工业法人企业的微观企业数据库,对象包括国有企业和年度主营业务收入在500万元及以上的非国有工业企业,指标包括法人代码、行业类型、工业增加值、开工时间、工业总产值、工业销售产值、固定资产净值年平均余额、从业人员、工资总额等。由于该数据统计指标比较详尽,统计范围比较全面,统计精度相对较高,因此,成为国内外经济学者研究中国经济问题的首选。

我们仅选择2001—2006年制造业企业的数据为研究对象。陈文芝(2013)认为,中国工业企业登记注册类型可以采取以下分类方法,即将中国工业企业分为国有及国有控股企业、集体企业、私营企业、有限责任公司、股份有限公司、其他内资企业、外资企业等。表2-2是中国制造业企业样本及相关指标分布。

在总体层面,2001年中国制造业企业数为120991个,2006年则为251304个,增长了107.7%。这六年间,除了2005年略微下降外,其他年份均保持快速增长。在注册类型分布层面,以国有及国有控股企业为例,在2001年仅为11777个,占当年所有企业的9.73%,2002年企业数为10363个,占比为7.86%,比2001年下降了1.87个百分点,2004年企业数为7918个,占比为3.38%,比2002年下降了4.48个百分点,2006年企业数为5759个,占比为

表 2-2　中国制造业企业样本及相关指标分布

分类指标		年份	2001	2002	2003	2004	2005	2006
		企业数（个）	120991	131859	154105	234155	223353	251304
注册类型分布	国有及国有控股企业	企业数（个）	11777	10363	9030	7918	6342	5759
		比重（%）	9.73	7.86	5.86	3.38	2.84	2.29
	集体企业	企业数（个）	23958	20940	17812	14872	11335	10069
		比重（%）	19.80	15.88	11.56	6.35	5.07	4.01
	私营企业	企业数（个）	30291	41031	58433	109932	107327	130042
		比重（%）	25.04	31.13	37.92	46.95	48.05	51.75
	股份合作企业	企业数（个）	9031	8339	7947	7498	6437	5499
		比重（%）	7.46	6.32	5.16	3.20	2.88	2.19
	有限责任公司	企业数（个）	13589	16478	20365	34398	33186	37163
		比重（%）	11.23	12.50	13.22	14.69	14.86	14.79
	股份有限公司	企业数（个）	4328	4597	5118	6034	5531	5483
		比重（%）	3.58	3.49	3.32	2.58	2.48	2.18
	其他内资企业	企业数（个）	513	534	645	597	1044	930
		比重（%）	0.42	0.40	0.42	0.25	0.47	0.37
	外资企业	企业数（个）	27504	29577	34755	52906	52151	56359
		比重（%）	22.73	22.43	22.55	22.59	23.35	22.43
行业类型分布	轻工业	企业数（个）	46978	511197	59359	86602	83240	93730
		比重（%）	38.83	38.83	38.52	36.98	37.27	37.30
	化工业	企业数（个）	20576	22356	26012	38665	37452	41765
		比重（%）	17.01	16.95	16.88	16.51	16.77	16.62
	材料工业	企业数（个）	22638	24618	28723	43132	40391	45265
		比重（%）	18.71	18.67	18.64	18.42	18.08	18.01
	机械设备制造业	企业数（个）	30799	33688	40011	65756	62270	70544
		比重（%）	25.46	25.55	25.96	28.08	27.88	28.07

续表

分类指标		年份	2001	2002	2003	2004	2005	2006
		企业数（个）	120991	131859	154105	234155	223353	251304
地区分布	东北	企业数（个）	5086	5565	8244	12518	13517	16884
		比重（%）	4.20	4.22	5.35	5.35	6.05	6.72
	东部	企业数（个）	87548	95492	111429	176434	170770	189792
		比重（%）	72.36	72.42	72.31	75.35	76.46	75.52
	中部	企业数（个）	18805	20487	22749	29758	22986	27124
		比重（%）	15.54	15.54	14.76	12.71	10.29	10.79
	西部	企业数（个）	9552	10315	11683	15445	16080	17504
		比重（%）	7.89	7.82	7.58	6.60	7.20	6.97

资料来源:陈文芝:《贸易自由化与行业生产率——企业异质性视野的机理分析与实证研究》,中国社会科学出版社 2013 年版。

2.29%,比 2004 年下降了 1.09 个百分点,比 2001 年下降了 7.44 个百分点。在行业类型分布层面,以材料工业为例,2001 年企业数为 22638 个,占比为 18.71%,2003 年企业数为 28723 个,占比为 18.64%,比 2001 年减少了 0.06 个百分点,2005 年企业数为 40391 个,占比为 18.08%,比 2003 年减少了 0.56 个百分点,2006 年企业数为 45265 个,占比为 18.01%,比 2005 年降低了 0.07 个百分点。总体来说,这六年间,材料工业企业数量迅猛增加,但是在所有企业中占比基本保持不变。在地区分布层面,以东部地区为例,2001 年企业数为 87548 个,占比为 72.36%,2003 年企业数为 111429 个,占比为 72.31%,比 2001 年降低了 0.05 个百分点,2005 年企业数为 170770 个,占比为 76.46%,比 2003 年增加了 4.15 个百分点,2006 年企业数为 189792 个,占比为 75.52%,比 2003 年增加了 3.21 个百分点,比 2001 年增加了 3.16 个百分点。

综上所述,企业异质性是国际贸易领域一个普遍存在的现象。不过,传统的国际贸易理论忽视这个事实。当前,一方面,经济危机阴霾未散,地缘危机骤然升温,造成全球范围内需求锐减,世界贸易保护主义不断抬头,国际金融和商品市场持续动荡,国内经济企稳复苏市场基础不牢,这些因素纵横交错,盘根错节,造成我国国际贸易增长缓慢,制约了宏观经济企稳回升;另一方面,美元、欧元和日元等资产价格下降,我国政府发展外向型经济和实施"走出去"战略的政策扶持力度,以及金融危机带来的潜在商机等积极因素,有利于我国企业全方位地开拓国际市场、扩展对外贸易、提高投资收益,在全球激烈竞争中探寻更大的发展空间。因此,在企业异质性假设下,研究创新、企业生产率与国际化模式选择三者之间的关系,不仅有利于加快转变我国对外经济发展模式,推动开放朝着优化结构、拓展深度、提高效益方向转变,而且有利于我国实行更加积极主动的开放战略,完善互利共赢、多元平衡、安全高效的开放型经济体系,还有利于加快转变经济发展模式转变,提升我国经济发展活力和国际竞争力。

第三节 异质性假设下企业国际化模式选择

一、模型基本假设

赫尔普曼等(Helpman 等,2004)假定有 N 个国家,$H+1$ 个部门,其中一个部门生产同质产品,H 个部门生产差异产品。国家 i 的劳动份额是 L^i,工资率是 w^i。进入 i 国 h 行业,企业需要承担 f_E 单位固定成本。如果企业选择国内生产,那么它将承担 f_D 单位固定成本。如果仅在国内销售,企业不需要承担其他的固定成本。如果采取出口模式进入国际市场,企业将承担附加 f_X 单位固定成本。如果采取投资模式进入国际市场,企业将承担附加 f_I 单位固定成本。f_I 与 f_X 之间的差别表明企业层面的规模报酬。假定 τ^{ij} 单位产品从国家 i 运输到国家 j,只剩余 1 单位产品,其中 $\tau^{ij} > 1$。

h 部门生产的差异化产品的需求组合满足常数替代弹性函数(CES)形式,其中 α 表示多样性偏好的系数,α 越小表示对多样化的偏好程度越大。ε 代表产品间的替代弹性,其中 $\varepsilon = 1/(1 - \alpha) > 1$。$i$ 国各部门产品的需求函数为 φ^I,其中,需求层面 A^i 是一个从私人供应商视角的外生变量。在这种情况下,劳动系数为 a 的垄断生产者以 $p = w^i a/\alpha$ 销售产品,其中 $1/\alpha$ 代表涨价因素。因此,对于在国内生产产品、在国内或者国外销售产品的生产者来说,有效消费者价格是 $p = w^i a/\alpha$,并且以 $\tau^{ij} w^i a/\alpha$ 的价格将从国家 j 的劳动系数为 a 的出口商那里进口产品。

二、初始均衡状态

在梅利兹—赫尔普曼—耶普尔框架下,企业是选择出口模式还是投资模式进入国际市场,主要取决于邻近—集中权衡(Proximity-Concentration Trade-off)。它意味着相对于出口模式,投资模式虽然节省了运输成本,却增加了生产设备,因此需要更高的固定成本。在均衡条件下,没有企业选择出口模式或者投资模式进入国际市场。因此,赫尔普曼等(Helpman 等,2004)假定:

$$\left(\frac{w^j}{w^i}\right)^{(\varepsilon-1)} f_I > (\tau^{ij})^{(\varepsilon-1)} f_X > f_D \qquad (2-1)$$

为了便于解释,假定所有国家的工资水平均为 1,即:

$w^i = w^j = 1$。由此可以得到不同类型企业所获得的经营利润：

$$\pi_D^i = a^{(1-\varepsilon)} B^i - f_D$$

$$\pi_X^{ij} = (\tau^{ij} a)^{(1-\varepsilon)} B^j - f_X \qquad\qquad (2-2)$$

$$\pi_I^j = a^{(1-\varepsilon)} B^j - f_I$$

$$B^i = (1-\alpha) A^i / \alpha^{(1-\varepsilon)}$$

其中，π_D^i 表示企业 i 仅在国内生产销售所产生的经营利润，π_X^{ij} 表示企业 j 通过出口模式进入国际市场所产生的额外经营利润，π_I^j 表示企业 j 通过投资模式进入国际市场所产生的额外经营利润。当 $B^i = B^j$ 时，企业经营利润之间的关系见图 2-1。

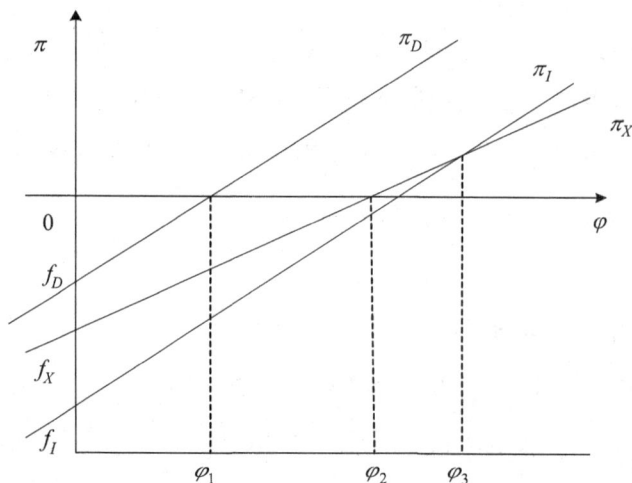

图 2-1 梅利兹—赫尔普曼—耶普尔框架下国际化模式选择

其中，$\varphi_1 = (a_D^i)^{(1-\varepsilon)}$，$\varphi_2 = (a_X^{ij})^{(1-\varepsilon)}$，$\varphi_3 = (a_I^{ij})^{(1-\varepsilon)}$。

由于 $\varepsilon > 1$，企业经营利润函数随着企业生产率（生产率指数）$1/a$ 的增加而单调线性增加。由于假定 $B^i = B^j$，所以 π_D 和 π_I 是平行的。由于承担的固定成本 f_I 高于国内生产所承担的固定成本 f_D，所以选择 FDI 模式的企业获得较低的经营利润。由于贸易

成本 τ^{ij} 的存在,利润函数 π_X^{ij} 比 π_D^i 和 π_I^j 更加陡峭,意味着对于生产率较低的企业来说,选择出口模式比选择投资模式能够获得更多的利润,对于生产率较高的企业来说,却只能获得更少的利润。由于 $(a_I^{ij})^{(1-\varepsilon)} > (a_X^{ij})^{(1-\varepsilon)}$,所以存在一定范围的生产率水平,企业选择出口能够获得比投资更多的利润。由于 $(a_X^{ij})^{(1-\varepsilon)} > (a_D^i)^{(1-\varepsilon)}$,所以一些企业只能在国内生产销售产品。

当生产率低于 $(a_D^i)^{(1-\varepsilon)}$ 时,企业只能在国内生产销售,尽管此时经营利润水平接近于 0;当生产率在 $(a_D^i)^{(1-\varepsilon)}$ 和 $(a_X^{ij})^{(1-\varepsilon)}$ 之间时,企业将会从国内市场获得正常的经营利润,但从对外出口和直接投资中遭受损失。所以,企业会从国际市场退出,专心服务国内市场的消费者;当生产率在 $(a_X^{ij})^{(1-\varepsilon)}$ 和 $(a_I^{ij})^{(1-\varepsilon)}$ 之间时,企业会选择出口模式进入国际市场,获得较高的经营利润,此时由于投资模式的固定成本较高,因此企业选择投资模式是很不明智的;当生产率超过 $(a_I^{ij})^{(1-\varepsilon)}$ 时,企业会选择投资模式进入国际市场,获取较高的经营利润。由此可见,梅利兹—赫尔普曼—耶普尔框架下异质性企业国际化模式选择的三个支点系数分别由以下方程决定:

$$(a_D^i)^{(1-\varepsilon)} B^i = f_D, \forall_i \tag{2-3}$$

$$(\tau^{ij} a_X^{ij})^{(1-\varepsilon)} B^j = f_X, \forall_{j \neq i} \tag{2-4}$$

$$[1 - (\tau^{ij})^{(1-\varepsilon)}] (a_I^{ij})^{(1-\varepsilon)} B^i = f_I - f_X, \forall_{j \neq i} \tag{2-5}$$

三、理论评述

赫尔普曼等(Helpman 等,2004)发展了异质性企业贸易理论,构建了一个多国和多产业的国际贸易与投资模型,综合考察了产业内企业异质性行为的影响机理,修正了传统贸易理论中"代表性企业"假说,描绘了完整的异质性企业进入国际市场过程的图景,极大地拓展了传统贸易理论的分析框架,为继续在微观层面研究国际生产、贸易、投资与企业组织选择等问题开辟了一个崭新的领域。

赫尔普曼等(Helpman 等,2004)及其后的研究成果,如格罗斯曼、赫尔普曼和赛德尔(Grossman、Helpman 和 Szeidl,2005),安特拉斯和赫尔普曼(Antras 和 Helpman,2007),梅利兹和奥塔维亚诺(Melitz 和 Ottaviano,2008)以及迈尔、梅利兹和奥塔维亚诺(Mayer、Melitz 和 Ottaviano,2010)等以静态一般均衡贸易模型为主要工具,以经验分析为主要方法,得到的结论是通过出口模式进入国际市场的企业的生产率水平低于选择水平型 FDI 的企业,此外,产业中一个更高的企业生产率分散度(Productivity Dispersion)能够增加 FDI 参与者的市场份额(Erdal Yalcin,2009)。很明显,这些研究成果忽略了动态因素,尤其是当企业生产率的增长是一个连续随机变量时,伴随着时间流逝,不稳定的企业生产率增长对国际化模式选择是否存在一个选择效应,已有成果不能给出一个肯定的回答。同时,企业生产率是一个需要决策者给出解释的动态决策变量。跨国企业 CEO 总是期望企业生产率水平保持平稳增长,并且能够持续地选择最优模式进入国际市场。不过,实际数据并不支持这一假定。据联合国贸易和发展会议(2008 年)统计显示,在 20 世纪 80 年代中期到 90 年代,美国跨国企业劳动率水平大幅增长,其原因是信息技术的突飞猛进,而不是 FDI 的迅猛发展。桑内·海利尔和艾达尔·耶尔森(Sanne Hiller 和 Erdal Yalcin,2009)认为,梅利兹(Melitz,2003)和伯纳德等(Bernard 等,

2004）构建的分析框架满足了在均衡状态下解释国际化模式选择的需要,但是,仅是静态一般均衡,不能够实现一般情况下不同进入模式之间的转换分析,例如企业生产率保持不变时,或者企业生产率保持持续增长时,或者企业生产率增长处于几何布朗运动状态时。因此,未来的研究需要在一个开放经济系统中,在生产率增长的情况下,解释异质性企业国际化模式选择的时间效应。

　　企业异质性是一个与企业同质性相对应的经济学概念。企业不仅在一个国家内是异质的,而且在一个地区内也是异质的,甚至在一个产业内部也是异质的。这些结论不仅在国家层面、区域层面得到体现,而且在产业层面得到例证。由此可见,企业同质性仅仅是一种理想假设,企业异质性才是现实普遍情况。在此基础上,赫尔普曼等(Helpman 等,2004)进行了异质性企业国际化市场进入模式选择的开创研究,具有很强的理论价值,为本书研究提供了重要的启示。不过,由于某些原因,这些成果尚存在不少改进之处。我们在企业异质性视角下,将创新纳入其中,研究创新、企业生产率与国际化模式选择之间的关系,具有一定的创新性。

第三章 创新、企业生产率与出口模式选择理论分析

本章在企业异质性视角下分析创新、企业生产率与出口模式选择之间的关系。梅利兹(Melitz,2003)、赫尔普曼等(Helpman等,2004)学者对异质性企业国际化模式选择进行了开创性的研究,解决了异质性企业如何在出口和水平型 FDI 两种模式中选择的问题。我们在此基础上,将创新因素纳入其中,考察创新、企业生产率与出口模式选择之间的关系,同时,考虑一些更加贴近中国企业国际化实际的情况,比如,贸易中介为何存在,不同创新程度的异质性企业选择何种出口模式等,既推进新新贸易理论的发展,又为我国实施"走出去"战略提供了理论指导。

第一节 异质性、企业生产率与出口模式选择

20 世纪 90 年代,随着经济全球化不断加深和贸易自由化不断发展,相对离散、独立和分割的区域市场逐步演变成相对统一和

较为稳定的国际市场。由于企业在成长中所积累的核心知识和能力既是独特的和有价值的,也是非竞争性的和难以模仿与替代的(杨瑞龙、刘刚,2002),企业竞争行为的内在性和多样性成为现实经济持续变迁的根源(陈策,2010)。

伯纳德和詹森(Bernard 和 Jensen,1994)最早开始从企业层面研究国际贸易问题。他们利用美国 1976—1987 年制造业企业数据进行企业出口问题研究,结果表明:第一,同行业内部只有很少企业选择出口模式进入国际市场。例如,1976 年,只有 10.4%的美国制造业企业选择出口模式进入国际市场;1987 年,这一比例仅上升了 4.2%。第二,选择出口模式进入国际市场的企业比非出口企业表现出更加优秀的资质。例如,在美国制造业中,前者的企业生产率比后者高出 4%—8%,前者的工资水平比后者高出 14%,前者的福利水平比后者高出近 33%。后续研究者接受了企业异质性的假设,逐渐将研究视角从国家层面或产业层面转向企业层面,尝试从理论和实证两个方面入手,努力探寻企业异质性与国际贸易之间的关系。

一、梅利兹经典模型

梅利兹(Melitz,2003)以霍普海因(Hopenhayn,1992)的垄断竞争动态产业模型和克鲁格曼(Krugman,1980)的贸易模型为基础,并假定在同一个产业内部,企业间生产率差异是普遍存在的。企业生产函数是一个包含劳动边际生产率、可变劳动需求和固定劳动需求等三个变量的函数,其中,劳动边际生产率是随机变量,服从一定的分布。企业收益函数和利润函数分别表示为:

$$r(\varphi) = R\left(P\rho\varphi\right)^{\sigma-1} \tag{3-1}$$

$$\pi(\varphi) = \frac{R\left(P\rho\varphi\right)^{\sigma-1}}{\sigma} - f \tag{3-2}$$

其中，R 代表消费者总支出，P 代表价格总指数，φ 代表企业生产率，$\sigma = 1/(1-\rho)$ 代表不同产品的替代弹性，f 代表企业的固定成本。

同时，企业间产出和收入水平与生产率水平紧密相关。具体可以表示为：

$$\frac{q(\varphi_1)}{q(\varphi_2)} = \left(\frac{\varphi_1}{\varphi_2}\right)^{\sigma}, \quad \frac{r(\varphi_1)}{r(\varphi_2)} = \left(\frac{\varphi_1}{\varphi_2}\right)^{\sigma-1} \tag{3-3}$$

那么，企业的收入情况可以总结为：

$$r(\varphi) = \begin{cases} r_d(\varphi) & \text{如果企业不出口} \\ r_d(\varphi) + nr_x(\varphi) = \left[1 + n\tau^{(1-\sigma)}\right]r_d(\varphi) & \text{如果企业出口} \end{cases}$$

$$\tag{3-4}$$

其中，$r_d(\varphi)$ 表示企业仅在国内生产销售所取得的收益，$r_x(\varphi)$ 表示企业出口到 n 个国家所取得的收益，假定在出口过程中存在交易成本，企业出口 τ 单位的产品，只有 1 单位到达目的地。

企业总利润函数可以表示为：

$$\pi(\varphi) = \left[\frac{r_d(\varphi)}{\sigma} - f\right] + \text{Max}\left\{0, \left[\frac{r_x(\varphi)}{\sigma} - f_x\right]\right\} \tag{3-5}$$

所以，企业在退出市场、服务国内市场到进入国际市场整个演化过程中，先后存在生产临界企业生产率 φ' 和出口临界企业生产率 φ^*。梅利兹（Melitz，2003）认为，进入国际市场需要支付一定的固定成本 $f_x > 0$，因此，$\varphi' < \varphi^*$。当企业生产率 $\varphi < \varphi'$ 时，企业将停止生产，退出市场；当企业生产率 $\varphi' < \varphi < \varphi^*$ 时，企业仅

停留于国内市场;当企业生产率 $\varphi^* < \varphi$ 时,企业不仅能满足国内市场的需要,而且能够满足国际市场的需要,由于能够获得更大的利润,因此,企业选择出口国际市场。

不过,梅利兹(Melitz,2003)仅考虑了企业开始进入国际市场的情况,而没有考虑企业进入国际市场成功率的问题。近来一些经济学者尝试解释一部分企业进入国际市场后很快又退回到国内市场的现象。例如,伯纳德和詹森(Bernard 和 Jensen,2004)利用美国 1984—1992 年的企业数据发现,平均每年有 15% 的出口企业离开了国际市场,退回到国内市场,大约有 5% 的出口企业退回到国内市场后再也没有进入国际市场。瑞扎巴和奥普罗莫拉(Irarrazabal 和 Opromolla,2006)发现,从 1990 年至 1996 年间平均每年有 16% 的中国出口企业从国际市场退回国内市场。伊顿等(Eation 等,2007)以哥伦比亚 1996—2005 年的企业数据研究后者,结果发现,大约每年进入国际市场的出口企业中有三分之二很快退回国内。比赛德和普鲁萨(Besedes 和 Prusa,2006)以及尼奇(Nitsch,2007)也发现这些现象。贝克尔斯(Bekkers,2011)从沉没成本、固定成本等角度尝试解决这个问题,认为有两个原因导致出现出口不确定现象:一是影响出口市场企业利润率的变量呈现不确定特征;二是出口市场信息不对称。结果显示,降低出口沉没成本可以增加企业开始进行出口的概率,却降低了企业成功出口的概率。与此相对照,降低出口固定成本不仅增加了企业开始进行出口的概率,而且增加了企业成功出口的概率。因此,他们建议,企业可以选择降低出口固定成本。我们认为,除了沉没成本、固定成本之外,可变成本也是影响企业开始进行出口和成功出口的因素。

二、异质性、企业生产率与间接出口模式选择

梅利兹(Melitz,2003)开创了国际经济的一个崭新领域,认为企业生产率对企业开展国际化经营活动具有重要影响(Bernard等,2003;Baldwin,2005;Helpman等,2004),因此,成为异质性企业贸易理论的经典论文(Helpman等,2004;Bernard、Redding和Schott,2009;Bernard、Jensen、Redding和Schott,2010;Bernard、Redding和Schott,2011;Antràs和Costinot,2011;Bernard,2012;Antràs和Yeaple,2013;Nocke和Yeaple,2013)。随着经济全球化的加深和全球生产网络的逐步形成,已有成果过分强调企业生产率和企业直接出口,明显没有解释所有企业的国际化模式,尤其是一些较低生产率的企业所进行的加工贸易活动。在理论层面,现有国际贸易理论不太符合国际贸易实际情况。不难发现,无论是传统贸易理论或新古典贸易理论,还是新贸易理论或新新贸易理论,活跃其中的贸易主体是生产企业,国内生产商直接出口国外,国内消费者直接从国外进口。事实上,生产者与最终消费者并非都能在国际市场上直接相遇。随着经济全球化深入发展和全球价值链延伸拓展,现有国际贸易理论明显不能解释一些客观存在的贸易现象,比如加工贸易、批发贸易、零售贸易等。在实践层面,来自现实的国际贸易数据同样证明现有国际贸易理论与实践之间存在巨大的差距。"贸易流失秘密"和"贸易边界效应"的出现证明现实中的贸易流量比理论预测的贸易流量要少得多。关税和非关税壁垒在解释为何出现如此大的差额时显得苍白无力。因此,无论在理论层面还是在实践层面,大家均迫切希望能从一个全新的视角来解释这些问题。

许多经济学家敏锐地发现相对于直接出口,很多企业会选择

间接出口进入国际市场,开展国际化经营。例如,伯纳德等(Bernard 等,2012)认为,国家特有固定成本显著影响企业在直接出口和间接出口两者之间的选择,而代理人的可变贸易成本则不显著。阿克曼(Akerman,2010),阿恩、科汗德沃和韦(Ahn、Khandelwal 和 Wei,2011)构建了包含贸易中介的异质性企业贸易模型,假定贸易中介拥有较高的技术水平,允许通过市场规模来摊平出口固定成本,以达到降低边际成本,进入国际市场的目的。克罗泽、拉兰内和庞塞特(Crozet、Lalanne 和 Poncet,2013)发现,法国批发商出口额占出口总额的 20%。阿恩、科汗德沃和韦(Ahn、Khandelwal 和 Wei,2012)发现,通过间接出口进入国际市场的企业占 22%。伯纳德、格拉茨和托马斯(Bernard、Grazzi 和 Tomasi,2011)发现,意大利 11% 的企业通过批发商成功进入国际市场。伯纳德等(Bernard 等,2012)发现,美国有 8% 的企业通过间接模式进行出口贸易。因此,我们借鉴梅利兹(Melitz,2003)以及戴维斯和杰普森(R.B.Davies 和 T.Jeppesen,2012)的成果,尝试将间接出口纳入异质性企业贸易模型中,探究企业如何在退出市场、国内生产、间接出口和直接出口之间进行选择。

　　假定一个贸易小国有 N 个劳动力,生产异质性产品 x,产业间替代弹性为 $\varepsilon = 1/(1-\rho)$,生产率为 φ 的企业需要 $\delta(\varphi)$ 个单位劳动力才能生产出一单位产品。如果企业选择直接出口模式或间接出口模式进入国际市场,那么每单位产品分别将发生 τ_d、τ_i 单位的冰山成本,且 $\tau_d < \tau_i$。同时,所有企业不仅面临着固定生产成本 Ψ,而且面临着固定出口成本 ζ(Melitz,2003)。如果企业选择直接出口模式,那么固定出口成本为 ζ_d;如果企业选择间接出口模式,那么固定出口成本为 ζ_i。戴维斯和杰普森(R.B.Davies 和

T.Jeppesen,2012)认为,$\zeta_d(X) > \zeta_i(X)$。根据法玛和赫尔普曼
(Flam 和 Helpman,1987),假定世界上其他国家企业数量保持不
变,其他国家的企业为了进入本国,必须面临着 τ_d'、τ_i'、
$\zeta_d'(X')$、$\zeta_i'(X')$。

如果企业选择退出国内市场,那么企业的利润函数可以表
示为:

$$\pi(\varphi) = 0 \tag{3-6}$$

如果企业选择服务国内市场而不出口,那么企业的利润函数
可以表示为:

$$\pi(\varphi) = \delta(\varphi)^{-\frac{\rho}{1-\rho}} \left(\frac{1-\rho}{\rho^{-\frac{\rho}{1-\rho}}} \right) P^{\frac{\rho}{1-\rho}} N(1-\nu) - \psi \tag{3-7}$$

如果企业不仅服务国内市场,而且选择间接出口模式进入国
际市场,那么企业的利润函数可以表示为:

$$\pi(\varphi) = \delta(\varphi)^{-\frac{\rho}{1-\rho}} \left(\frac{1-\rho}{\rho^{-\frac{\rho}{1-\rho}}} \right) P^{\frac{\rho}{1-\rho}} N(1-\nu) + \left[(1+\tau_i)\delta(\varphi) \right]^{-\frac{\rho}{1-\rho}}$$

$$\left(\frac{1-\rho}{\rho^{-\frac{\rho}{1-\rho}}} \right) P'^{\frac{\rho}{1-\rho}} N'(1-\nu) - \psi - \zeta_i(X) \tag{3-8}$$

如果企业不仅服务国内市场,而且选择直接出口模式进入国
际市场,那么企业的利润函数可以表示为:

$$\pi(\varphi) = \delta(\varphi)^{-\frac{\rho}{1-\rho}} \left(\frac{1-\rho}{\rho^{-\frac{\rho}{1-\rho}}} \right) P^{\frac{\rho}{1-\rho}} N(1-\nu) + \left[(1+\tau_d)\delta(\varphi) \right]^{-\frac{\rho}{1-\rho}}$$

$$\left(\frac{1-\rho}{\rho^{-\frac{\rho}{1-\rho}}} \right) P'^{\frac{\rho}{1-\rho}} N'(1-\nu) - \psi - \zeta_d(X) \tag{3-9}$$

根据梅利兹(Melitz,2003),哪种类型的企业能够获得最高收
益取决于企业生产率。根据式(3-6)和式(3-7),可以得到,能够

进入国内市场、生产率最低的企业生产一单位产品所需要的劳动力数量为：

$$\delta_h(\varphi_h) = \frac{\left(\dfrac{1-\rho}{\rho^{-\frac{\rho}{1-\rho}}}\right)^{\frac{1-\rho}{\rho}} PN^{\frac{1-\rho}{\rho}}(1-\nu)^{\frac{1-\rho}{\rho}}}{\zeta^{\frac{1-\rho}{\rho}}} \tag{3-10}$$

根据式（3-7）和式（3-8），可以得到，选择间接出口模式进入国际市场、生产率最低的企业生产一单位产品所需要的劳动力数量为：

$$\delta_i(\varphi_i) = \frac{\left(\dfrac{1-\rho}{\rho^{-\frac{\rho}{1-\rho}}}\right)^{\frac{1-\rho}{\rho}} P'N'^{\frac{1-\rho}{\rho}}(1-\nu)^{\frac{1-\rho}{\rho}}\zeta_i(X)^{\frac{1-\rho}{\rho}}}{1+\tau_i} \tag{3-11}$$

根据式（3-8）和式（3-9），可以得到，选择直接出口模式进入国际市场、生产率最低的企业生产一单位产品所需要的劳动力数量为：

$$\delta_d(\varphi_d) = [(1+\tau_d)^{-\frac{\rho}{1-\rho}} - (1+\tau_i)^{-\frac{\rho}{1-\rho}}]^{\frac{1-\rho}{\rho}}$$

$$\left(\frac{1-\rho}{\rho^{-\frac{\rho}{1-\rho}}}\right)^{\frac{1-\rho}{\rho}} P'N'^{\frac{1-\rho}{\rho}}(1-\nu)^{\frac{1-\rho}{\rho}}[\zeta_d(X)-\zeta_i(X)]^{\frac{\rho-1}{\rho}} \tag{3-12}$$

根据包络定理以及戴维斯和杰普森（R. B. Davies 和 T.Jeppesen，2012）的观点，可以得到企业生产率临界点 φ_d、φ_i、φ_h 的关系为：

$$\varphi_d < \varphi_i < \varphi_h \tag{3-13}$$

结合梅利兹（Melitz，2003），我们可以作出以下判断：直接出口企业的生产率高于间接出口企业和不参与出口活动企业的生产率。生产率较高的企业选择直接出口模式进入国际市场，获取较高的利润；生产率处于中间水平的企业选择间接出口模式进入国际市场,获取中间程度的利润;生产率较低的企业只能服务国内市场,获取较低程度的利润;生产率最低的企业只能退出国内市场,否则继续亏损。整个结论可以用图 3-1 来说明,其中 $\varphi_{e \to h}$、$\varphi_{h \to ie}$、$\varphi_{ie \to de}$ 分别是企业退出市场、企业通过间接出口模式进入国际市场和企业通过直接出口模式进入国际市场的企业生产率阈值。从图 3-1 中可以看到,当企业生产率 $\varphi < \varphi_{e \to h}$ 时,企业只能退出国内市场,否则继续亏损;当企业生产率 $\varphi_{e \to h} < \varphi < \varphi_{h \to ie}$ 时,企业既可以退出市场,也可以选择在国内市场进行经营活动。不过,从图 3-1 中可以看到,企业选择后者明显可以获取比前者更多的收益。因此,作为理性的行为人,企业会选择在国内市场进行经营活动;当企业生产率 $\varphi_{h \to ie} < \varphi < \varphi_{ie \to de}$ 时,企业会选择间接出口模式进入国际市场,此时企业获得的投资收益 $\pi_{\varphi_{h \to ie} < \varphi < \varphi_{ie \to de}} > \pi_{\varphi_{h \to ie}}$;当企业生产率 $\varphi_{ie \to de} < \varphi$ 时,企业选择直接出口模式进入国际市场,此时企业获得的国际化投资收益 $\pi > \pi_{\varphi_{ie \to de}}$。

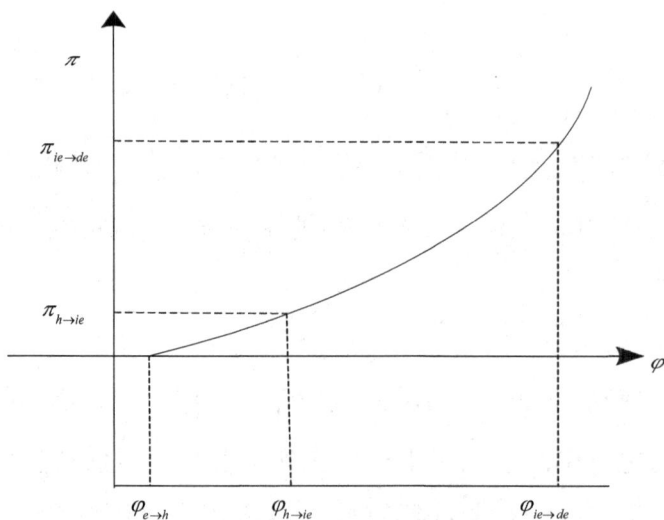

图 3-1 企业选择出口模式进入国际市场图示

第二节 异质性、出口模式选择对企业创新的影响

一般来说,出口企业的生产率高于国内企业的原因是出口中学习效应和自我选择效应的存在。在异质性假设下,国内外经济学家近年来才开始关注企业出口模式选择与企业开展创新活动之间的关系。不过,两者之间的关系是不确定的。阿特基森和比尔斯坦(Atkeson 和 Burstein,2010)、皮希特拉和利坎德罗(Giammario 和 Licandro,2010)认为,贸易开放度促使企业不断增加创新活动。同时还有部分学者,例如,昆科罗(Kuncoro,2012)以印度尼西亚为例,哈恩和帕克(Hahn 和 Park,2012)以韩国为例,拉托(Lto,2012)以日本为例,麦雷思等(Mairesse 等,2012)以中国为例,均认为企业选择出口模式进入国际市场对企业创新活动具有积极作用,还有一些经济学者,例如,哈恩和帕克(Hahn 和 Park,2012)以及麦雷思等(Mairesse 等,2012)发现存在一种反向因果关系,达米詹等(Damijan 等,2010)以斯洛文尼亚为例,卡斯曼等(Cassiman 等,2010)以西班牙为例,布拉迪和菲利斯(Bratti 和 Felice,2012)以意大利为例,拉斯·洛赫尔和巴拉兹·摩尔列夫(Laszlo Halpern 和 Balazs Murakozy,2012)以匈牙利为例,帕朗卡拉亚(Palangkaraya,2012)以澳大利亚为例,均证明企业进行的创新活动是企业选择出口模式进入国际市场的内在驱动力。那么,出口企业在与跨国企业激烈竞争中和与国外消费者亲密接触中是否掌握先进技术、获取前沿信息、扩大市场规模等,是否展现出较强的创新意愿?

林发勤和唐小林(Faqin Lin 和 Hsiao Chink Tang,2013)对梅利兹(Melitz,2003)进行了拓展,构建了一个异质性企业贸易理论模型,在异质性假设下研究了企业出口模式选择与企业创新之间的因果联系,进行了理论与实证分析,具有较为重要的启示意义。他们假设存在两个国家:本国和外国。外国相应变量加星号"＊"标注。经过推导,两种类型的企业生产率关系为:

$$\frac{\varphi_x}{\varphi_h} = \begin{cases} \left(\dfrac{f_h + f_e + f_x}{f_h + f_e}\right)^{\frac{1-\alpha\beta}{\alpha}} & \text{当企业仅在国内生产时} \\[3em] \dfrac{\left(\dfrac{f_h + f_e + f_x}{f_h + f_e}\right)^{\frac{1-\alpha\beta}{\alpha}}}{\left[1 + \tau^{\frac{\alpha}{1-\alpha}}\left(\dfrac{M^*}{M}\right)^{\frac{1}{1-\alpha}}\right]^{(1-\alpha)\,\alpha}} & \text{当企业选择出口模式时} \end{cases}$$

$$(3-14)$$

式(3-14)中,φ_x 是企业出口与国内生产的"临界生产率",φ_h 是国内生产与退出市场的"临界生产率",f_e 是选择出口模式国际市场的固定进入成本,f_h 是在国内生产的固定市场进入成本,f_x 是选择出口模式的固定成本,$1/(1-\alpha)$ 代表替代弹性,β 代表企业创新投入产出比率,表征企业创新投入对产出的敏感程度,τ 代表冰山成本。林发勤和唐小林(Faqin Lin 和 Hsiao Chink Tang,2013)认为,企业出口与国内生产的"临界生产率"φ_x 大于国内生产与退出市场的"临界生产率"φ_h。他们指出,企业创新活动 d 与企业生产率 φ、企业出口状态 Γ 有紧密的联系。不过,他们没有在均衡状态下分别研究企业创新投入产出比率 β 与企业生产率 φ 以及企业出口模式选择之间的关系。我们认为,相对于企业创新活动 d,企业创新投入产出比率 β 更为重要。

在赫尔普曼等(Helpman 等,2010)的框架下,将企业创新活动融入其中,对此问题进行分析。经过测算,我们可以得到企业创新投入产出比率由企业生产率、企业出口模式选择、企业开展创新活动等变量所决定。为了研究企业生产率、企业出口模式选择对企业创新投入产出比率的影响,用 β 对 φ、Γ 求导,可以得到:

$$\frac{\partial \beta}{\partial \varphi} = \frac{\beta(\alpha\beta - 1)(1 + \ln\varphi)}{\alpha[\alpha\beta\ln(\alpha\beta\tau M\varphi^{\alpha}) + 1 - \alpha\beta]} > 0 \tag{3-15}$$

$$\frac{\partial \beta}{\partial \Gamma} = \frac{\beta(\alpha\beta - 1)}{\left[1 + Ex\tau^{\frac{\alpha}{1-\alpha}}\left(\frac{M^{*}}{M}\right)^{\frac{1}{1-\alpha}}\right]^{(1-\alpha)}[\alpha\beta\ln(\alpha\beta\tau M\varphi^{\alpha}) + 1 - \alpha\beta]} > 0 \tag{3-16}$$

从式(3-15)和式(3-16)可以看出,企业生产率和企业选择出口模式进入国际市场能够显著地影响企业创新投入产出比率,说明出口企业在与国外消费者亲密接触中的确有可能了解先进技术,获取前沿信息,丰富产品内涵,提升设计层次,提高研发绩效等,展现出较强的创新能力。

第三节　出口贸易与对外直接投资: 当运输成本为零时

一、问题的提出

赫尔普曼等(Helpman 等,2004)认为,企业理性的选择是通过出口模式或者投资模式服务国外消费者。异质性是企业国际化模式选择的重要因素。处于均衡状态时,生产率最高的企业通过

OFDI 模式进入国际市场,生产率较低的企业通过出口模式进入国际市场,生产率很低的企业只能服务国内市场,生产率最低的企业必须退出市场。这个结论已经被黑德和里斯(Head 和 Ries,2003、2004)、小仓和清田(Kimura 和 Kiyota,2006)、富浦(Tomiura,2007)和吉尔玛等(Girma 等,2004a、2004b、2004c)所证明,促进了企业国际化理论的发展。

在梅利兹—赫尔普曼—耶普尔框架下,在企业通过出口模式进入国际市场的过程中,运输成本是不可避免的。因为赫尔普曼等(Helpman 等,2004)面临着投资模式所产生的固定成本与出口模式所产生的运输成本的邻近—集中权衡问题。如果企业出口几乎不产生任何运输成本,这些结论是否正确呢?在企业异质性视角下,在一个开放型经济系统中,在巴特查里亚等(R.Bhattacharya 等,2012)研究的基础上,研究当运输成本为零时,企业如何在出口模式与投资模式之间进行选择;并考虑企业开展创新活动,提高创新绩效,能否影响已产生的结论。

二、模型基本假设

在一个开放型经济系统中,考虑两个国家,劳动力 l 是唯一的生产要素,存在固定边际成本和固定间接成本,企业是风险中性的,具有异质性,表现在生产率水平的差异。如果用 Θ 表示所有产品的集合,任意不同产品之间是可替代的,不同种类产品之间的替代弹性为 $\sigma = 1/(1 - \rho) > 1$,代表理性消费者的效用函数可以表示为:

$$U = \left[\int_{i = \Theta} q(i)^{\rho} di \right]^{(1/\rho)} \tag{3-17}$$

巴特查里亚等（R.Bhattacharya 等，2012）认为，与有形商品相比，无形商品具有众多捉摸不透的特征和属性。所以，距离较远的消费者如果购买无形商品（比如信息服务、数据服务、软件服务等），那么就存在一定的不确定性。李和塔恩（Lee 和 Tan，2003）赞同这种看法。他们比较了电子零售（E-retailing）与实物零售（Physical Retailing）之间的差异，发现消费者选择电子零售所产生的购买失败感知风险高于实物零售。因此，假定存在一定的失败概率 r，并且供需双方地理越邻近，这种感知风险越低，所以，$r_e > r_f$。同时，假定如果企业采取一定的创新活动 $\omega, \omega > 1$，创新因子为 $\zeta, \zeta > 0$。因此，在国外市场，企业面临的需求函数可以表示为：

$$q(i) = \begin{cases} 0 & r \\ \omega^{\zeta} p(i)^{-\sigma} & 1 - r \end{cases} \qquad (3-18)$$

与赫尔普曼等（Helpman 等，2004）一样，出口过程中涉及的生产、广告与营销成本用 f_e 来代表，投资过程中涉及的创办成本和生产成本用 f_f 来代表。这样，根据巴特查里亚等（R.Bhattacharya 等，2011），生产函数可以定义为：

$$q(i) = \varphi_j [l(i) - f_j] \qquad j = e, f \qquad (3-19)$$

式（3-19）中，j 代表企业的状态，如果企业选择出口模式，那么 $j = e$；如果企业选择投资模式，那么 $j = f$。φ_j 代表 j 状态下企业的生产率水平。从式（3-19）中可以判断出，企业选择出口模式不产生任何运输成本。

根据巴特查里亚等（R.Bhattacharya 等，2011），企业预期利润最大化为：

$$E\left(\pi_e\right)_{\text{Max}} = \omega^{\zeta_e}\varphi_e^{\sigma-1}\frac{1}{\sigma-1}\left[\frac{\sigma}{(1-r_e)(\sigma-1)}\right]^{-\sigma} - f_e \qquad (3-20)$$

$$E\left(\pi_f\right)_{\text{Max}} = \omega^{\zeta_f}\varphi_f^{\sigma-1}\frac{1}{\sigma-1}\left[\frac{\sigma}{(1-r_f)(\sigma-1)}\right]^{-\sigma} - f_f \qquad (3-21)$$

从式(3-20)和式(3-21)可以判断出,$E\left(\pi_e\right)_{\text{Max}}$ 与 $E\left(\pi_f\right)_{\text{Max}}$ 均与 σ、ω 有关。如果企业预期利润最大化为负值,企业将不会开展国际贸易。当企业预期利润最大化为零时,此时,企业生产率可以表示为:

$$\varphi_e^{*\ \sigma-1} = \frac{1}{\omega^{\zeta_e}}\frac{f_e}{(1-r_e)^{\sigma}}(\sigma-1)\left(\frac{\sigma}{\sigma-1}\right)^{\sigma} \qquad (3-22)$$

$$\varphi_f^{*\ \sigma-1} = \frac{1}{\omega^{\zeta_f}}\frac{f_f}{(1-r_f)^{\sigma}}(\sigma-1)\left(\frac{\sigma}{\sigma-1}\right)^{\sigma} \qquad (3-23)$$

三、最优国际化模式选择

为了便于讨论,接受赫尔普曼等(Helpman 等,2004)的建议,假定 $f_e < f_f$。同时,假定企业选择不同模式进入国际市场所开展的创新活动取得相同的绩效,即 $\omega_e = \omega_f$,且保持不变。在这种假定下,只要存在确定的 r_f,$\varphi_e^{*\ \sigma-1}$ 与 $\varphi_f^{*\ \sigma-1}$ 之间的关系就有不同的表达形式:

$$\text{当}\ r_e > r_o = 1 - (1-r_f)\left(\frac{f_e}{f_f}\right)^{1/\sigma}\ \text{时},\ \varphi_e^* > \varphi_f^* \qquad (3-24)$$

$$\text{当}\ r_e < r_o = 1 - (1-r_f)\left(\frac{f_e}{f_f}\right)^{1/\sigma}\ \text{时},\ \varphi_e^* < \varphi_f^* \qquad (3-25)$$

$$\text{当}\ r_e = r_o = 1 - (1-r_f)\left(\frac{f_e}{f_f}\right)^{1/\sigma}\ \text{时},\ \varphi_e^* = \varphi_f^* \qquad (3-26)$$

由此可见,如果出口的失败概率 r_e 较大,此时市场需求和预期收益为零。在均衡状态下,选择出口模式的企业其生产率水平高于选择投资模式的企业,这与巴特查里亚等(R.Bhattacharya 等,2011)的结论完全一致。如果出口的失败概率 r_e 较小,此时市场需求和预期收益为零。在均衡状态下,选择出口模式的企业其生产率水平低于选择投资模式的企业,这与赫尔普曼等(Helpman 等,2004)的结论完全一致。如果出口的失败概率 $r_e = r_o$ 时,两种类型的企业生产率水平相同。

四、创新是否发挥作用

以上分析基于企业选择不同国际化模式的创新绩效是完全相同的,即 $\omega_e = \omega_f$,且保持不变。如果企业的创新绩效不断变化,是否会影响企业选择的结果呢?或者说,是否会影响企业实现期望利润的最大化呢?

根据式(3-22)和式(3-23),此时企业生产率 φ^* 可以表示为:

$$\varphi^* = \omega^{\zeta(1-\sigma)} \left[\frac{f}{(1-r)^\sigma}\right]^{\frac{1}{\sigma-1}} (\sigma-1)^{\frac{1}{\sigma-1}} \left(\frac{\sigma}{\sigma-1}\right)^{\frac{\sigma}{\sigma-1}} \qquad (3-27)$$

通过 φ^* 对 ζ 求导,可以得到:

$$\frac{\partial \varphi^*}{\partial \zeta} = (1-\sigma) \omega^{\zeta(1-\sigma)} \left[\frac{f}{(1-r)^\sigma}\right]^{\frac{1}{\sigma-1}} (\sigma-1)^{\frac{1}{\sigma-1}} \left(\frac{\sigma}{\sigma-1}\right)^{\frac{\sigma}{\sigma-1}} < 0$$
$$(3-28)$$

式(3-28)显示,在其他条件不变的情况下,处于阈值的企业生产率 φ^* 与创新因子 ζ 之间存在一种负相关关系。

当创新因子 ζ 越来越大时,达到均衡的企业生产率 φ^* 越小,也就是说,在相同条件下,通过创新活动,企业能够更快实现国际化模式的转换,能够更加容易获得较高的期望利润。反之,当创新因子 ζ 越来越小时,达到均衡的企业生产率 φ^* 越大,也就是说,在相同条件下,企业为了达到"阈值"必须付出更多的劳动投入,因此,获取的期望利润就越来越少。

保罗·S.西格斯托姆和伊格纳特·斯特凡诺克(Paul S. Segerstrom 和 Ignat Stepanok,2013)不认同企业通过创新生产新产品类型,他们提供了一个质量阶梯增长模型。其中,与格罗斯曼和赫尔普曼(Grossman 和 Helpman,1991)一样,企业通过创新生产更高质量的产品进行出口。值得注意的是,他们放弃了梅利兹(Melitz,2003)的部分假设,比如企业异质性体现在生产效率、企业在生产新产品后才了解其边际成本。他们假设,企业异质性体现在企业创新异质性,例如有些企业创新速度较快,有些企业创新速度较慢,这样就产生了不同的利润水平。结果显示,如果将时间因素考虑纳入企业学习如何出口模型中,这个质量阶梯内生增长模型产生的结论与梅利兹(Melitz,2003)不一致。所以,创新特别是产品创新和过程创新,诱导企业不断增加生产率,提高非出口企业成为出口企业的可能性,而且中小非出口型企业的可能性最大(Cassiman 和 Martinez-Ros,2010;Van Beveren 和 Vandenbussche,2010)。

五、图形展示

具体情况如图 3-2、图 3-3 和图 3-4 所示。其中,纵坐标表示最大化预期利润,横坐标表示企业生产率。图 3-2 表示,当 $r_e < r_o$ 且创新因子 $\zeta = \zeta_0$ 时,不存在运输成本的企业国际化模式选择情况。当 $\varphi_e^* < \varphi < \varphi_f^*$ 时,企业选择出口模式能够获取较大的利润;当 $\varphi_f^* < \varphi$ 时,企业选择投资模式能够获取较大的利润,即在这种情

况下,生产率最高的企业选择投资模式进入国际市场,生产率较高的企业选择出口模式进入国际市场(Helpman 等,2004)。当企业开展创新活动,或是进行根本型创新,或是进行适度型创新,或是进行渐进型创新,此时,企业创新因子 $\zeta > \zeta_0$(R.Garcia 和 R.Calantone,2002)。企业创新活动有效地降低了企业边际成本,促使生产率较低的企业在 $\varphi_e^{*'}$($\varphi_e^{*'} < \varphi_e^*$) 时就实现了"阈值",生产率较高的企业在 $\varphi_f^{*'}$($\varphi_f^{*'} < \varphi_f^*$) 时就实现了"阈值"。当企业生产率 $\varphi > \varphi^{*'}$ 时,相对于企业创新因子 $\zeta = \zeta_0$ 时,企业已经能够获得较高的利润。

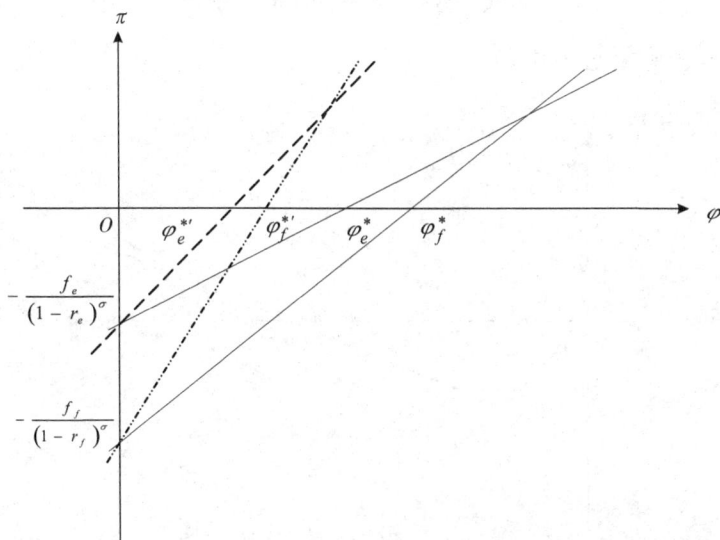

图 3-2　当 $r_e < r_o$ 时不存在运输成本的企业国际化模式选择

图 3-3 表示,当 $r_e > r_o$ 时,不存在运输成本的企业国际化模式选择情况。当 $\varphi_f^* < \varphi < \varphi_e^*$ 时,企业选择投资模式能够获取较大的利润;当 $\varphi_e^* < \varphi$ 且创新因子 $\zeta = \zeta_0$ 时,企业选择出口模式能够获取较大的利润,即在这种情况下,生产率最高的企业选择出口模式进入国际市场,生产率较高的企业选择投资模式进入国际市场。

当企业的创新因子 $\zeta = \zeta_0^{'} < \zeta_0$，相对于企业创新因子 $\zeta = \zeta_0$ 时，此时企业边际成本较高，促使生产率较低的企业必须在 $\varphi_e^{*'}(\varphi_e^{*'} > \varphi_e^{*})$ 时才能实现"阈值"，同时生产率较高的企业在 $\varphi_f^{*'}(\varphi_f^{*'} > \varphi_f^{*})$ 时也才能实现"阈值"。当企业生产率 $\varphi_f^{*} < \varphi < \varphi_f^{*'}$ 时，创新因子 $\zeta = \zeta_0$ 的企业通过投资模式已经获得正利润，而创新因子 $\zeta = \zeta_0^{'}$ 的企业因边际成本过高，而放弃了进入国际市场的机会。同样的，当企业生产率 $\varphi_e^{*} < \varphi < \varphi_e^{*'}$ 时，创新因子 $\zeta = \zeta_0$ 的企业通过出口模式已经获得了正利润，而创新因子 $\zeta = \zeta_0^{'}$ 的企业因生产率水平较低，而达不到进入国际市场的"阈值"，只能服务国内市场或者退出市场。

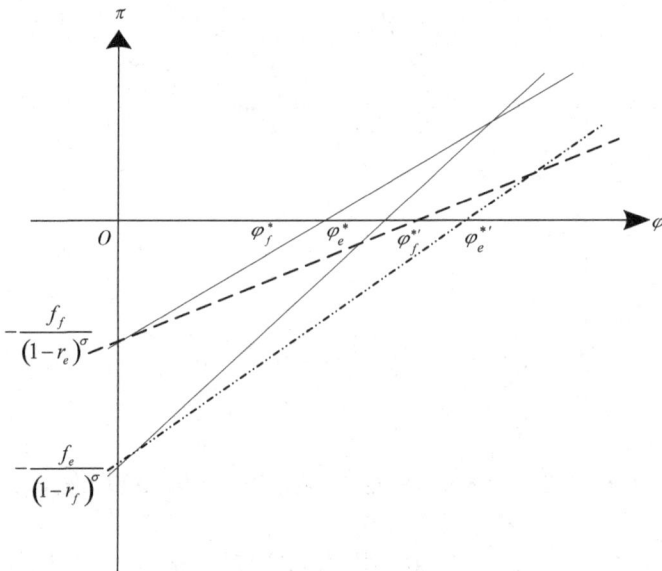

图 3-3　当 $r_e > r_o$ 时不存在运输成本的企业国际化模式选择

图 3-4 表示，当 $r_e = r_o$ 时，不存在运输成本的企业国际化模式选择情况。当 $\varphi < \varphi_f^{*} = \varphi_e^{*}$ 且企业创新因子 $\zeta = \zeta_0$ 时，由于参与国际贸易活动将会得到负利润，因此，企业将不会开展经济活动。当 $\varphi_f^{*} =$

$\varphi_e^* < \varphi$ 时,企业选择出口模式或者投资模式能够获取较大的利润,或者说,两种模式之间无差别,即在这种情况下,生产率较高的企业选择出口模式或者投资模式进入国际市场,生产率较低的企业将不会参与国际贸易和国际投资活动。当创新因子 $\zeta = \zeta' > \zeta_0$ 时,企业生产率的"阈值"由 φ^* 降低到 $\varphi^{*'}$。这种情况与当 $r_e < r_o$ 且创新因子 $\zeta = \zeta_0$ 时相同。当创新因子 $\zeta = \zeta'' < \zeta_0$ 时,企业生产率的"阈值"由 φ^* 增加到 $\varphi^{*''}$。这种情况与当 $r_e > r_o$ 且创新因子 $\zeta = \zeta_0$ 时相同。

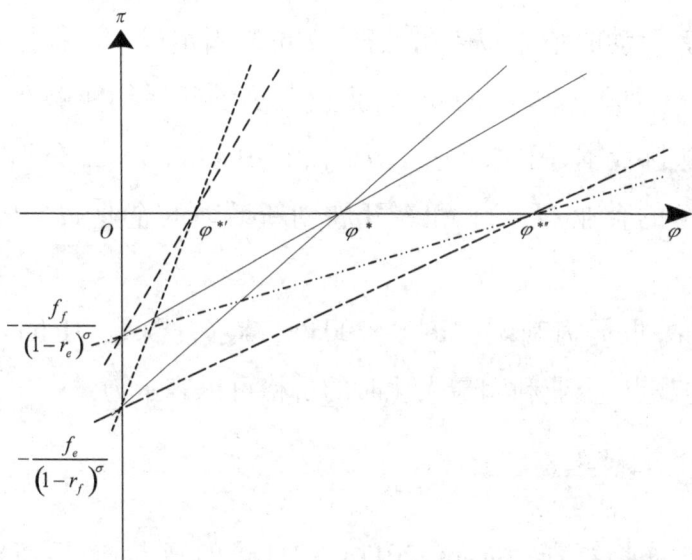

图 3-4 当 $r_e = r_o$ 时不存在运输成本的企业国际化模式选择

第四节 创新、企业生产率对出口模式选择的影响

一、卡尔德拉(Caldera)典型文献分析

布斯托斯(Bustos,2011a、2011b)在梅利兹(Melitz,2003)的基

础上,考虑了企业通过不断开展创新活动,降低边际成本,提高技术水平的可能性,成为较早地在企业层面研究创新与出口模式选择关系的文献。卡尔德拉(A. Caldera, 2009)拓展了布斯托斯(Bustos, 2011a、2011b),将开展创新活动的企业的出口决策与未开展创新活动的企业的出口决策进行比较,从而说明创新对企业出口模式选择的重要性。

卡尔德拉(A. Caldera, 2009)假定开展创新活动的企业($I=1$)需要支付固定成本 $F_{I=1}$,且 $F_{I=1} > F_{I=0}$,其中,$F_{I=0}$ 是未开展创新活动的企业($I=0$)需要支付的固定成本。根据布斯托斯(Bustos, 2005、2007)的观点,企业开展创新活动能够有效地降低生产边际成本,因此,$c_{I=1} < c_{I=0}$,其中,$c_{I=1}$、$c_{I=0}$ 分别是开展创新活动的企业($I=1$)和未开展创新活动的企业($I=0$)的边际成本。

因此,根据梅利兹(Melitz, 2003)、赫尔普曼等(Helpman 等, 2004)的观点,企业利润最大化时的价格可以表示为:

$$p^I(\varphi_i) = \frac{1}{\rho} \frac{c_I}{\varphi_i} \qquad (3-29)$$

根据布斯托斯(Bustos, 2011a、2011b)的观点,产品销售数量 $q^I(\varphi_i)$、企业收入水平 $R^I(\varphi_i)$ 和企业利润水平 $\pi^I(\varphi_i)$ 可以表示为:

$$q^I(\varphi_i) = EP^{\sigma-1} \left(\frac{\rho\varphi_i}{c_I} \right)^{\sigma} \qquad (3-30)$$

$$R^I(\varphi_i) = q^I(\varphi_i) \cdot p^I(\varphi_i) = E \left(\frac{P\rho\varphi_i}{c_I} \right)^{(\sigma-1)} \qquad (3-31)$$

$$\pi^{I}(\varphi_i) = \frac{E\left(\dfrac{P\rho\varphi_i}{c_I}\right)^{(\sigma-1)}}{\sigma} - F_I \qquad (3-32)$$

所以,企业开展创新活动的条件是 $\pi^{I=1}(\varphi_i) > \pi^{I=0}(\varphi_i)$,即

$$\frac{1}{\sigma}E\left(P\rho\varphi_i\right)^{(\sigma-1)}\left[c_{I=1}^{(1+\sigma)} - c_{I=0}^{(1+\sigma)}\right] > (F_{I=1} - F_{I=0}) \qquad (3-33)$$

令 $W_i = \dfrac{1}{\sigma}E\left(P\rho\varphi_i\right)^{(\sigma-1)}\left[c_{I=1}^{(1+\sigma)} - c_{I=0}^{(1+\sigma)}\right]$,那么,用 W_i 对 φ_i 求导,可得:

$$\partial W_i / \partial \varphi_i = \frac{\sigma-1}{\sigma}E\left(P\rho\right)^{(\sigma-1)}\varphi_i^{(\sigma-2)}\left[c_{I=1}^{(1+\sigma)} - c_{I=0}^{(1+\sigma)}\right] > 0$$

$$(3-34)$$

式(3-34)表明,一方面,从创新中获取的收益与企业生产率之间呈现正相关关系,企业生产率越高,企业开展创新活动所获取的收益就越多,反之亦然;另一方面,生产率越高的企业开展创新活动的积极性就越高。

如果企业通过出口模式进入国际市场,那么,企业的利润水平可以表示为:

$$\pi^{*I}(\varphi_i) = \frac{1}{\sigma}\tau^{(1-\sigma)}E^*\left(P^*\rho\right)^{(\sigma-1)}c_I^{(1-\sigma)}\varphi_i^{(\sigma-1)} - F_x \quad (3-35)$$

式(3-35)中, τ 是冰山成本, E^* 是产品 q 的国外市场支付, P^* 是外国的价格指数, F_x 是出口的固定成本。

如果考虑出口和创新两因素,那么企业只有在国际市场和国内市场获取的共同利润大于仅在国内市场获取的利润时,企业才会出口,可以表示为:

$$\left[\pi^I(\varphi_i) + \pi^{*I}(\varphi_i)\right] > \pi^I(\varphi_i) \qquad (3-36)$$

由式(3-35)和式(3-36)可知,如果满足以下条件,一个开展创新活动的企业将会出口:

$$\frac{1}{\sigma}\tau^{(1-\sigma)} E^* (P^* \rho)^{(\sigma-1)} \varphi_i^{(\sigma-1)} > F_x c_{I=1}^{(\sigma-1)} \qquad (3-37)$$

由式(3-35)和式(3-36)可知,如果满足以下条件,一个未开展创新活动的企业将会出口:

$$\frac{1}{\sigma}\tau^{(1-\sigma)} E^* (P^* \rho)^{(\sigma-1)} \varphi_i^{(\sigma-1)} > F_x c_{I=0}^{(\sigma-1)} \qquad (3-38)$$

由于 $0 < c_{I=1} < c_{I=0} < 1$,故:

$$F_x c_{I=1}^{(\sigma-1)} > F_x c_{I=0}^{(\sigma-1)} \qquad (3-39)$$

式(3-39)说明,在选择出口模式的企业中,开展创新活动的企业生产率水平更低,所以他们可以选择较低的价格来增加他们的销售规模,因为不同种类产品之间的替代弹性 $\sigma > 1$。同时,由于开展创新活动的企业能够支付起较高的创新固定成本 $F_{I=1} > F_{I=0}$,所以,这些企业的生产率水平明显高于未开展创新活动的企业。

正如布斯托斯(Bustos,2011),如果创新固定成本明显高于出口固定成本,即 $(F_{I=1} - F_{I=0}) > F_x$,那么开展创新活动的企业生产率阈值高于选择出口模式的企业生产率阈值,即 $\varphi_x^* < \varphi_{I=1}^*$。在这种情况下,开展创新活动的企业选择出口模式,同时还存在一些企业,他们虽然没有开展创新活动,但是足以支付固定出口成本。此时,卡尔德拉(A.Caldera,2009)根据生产率水平,将企业分为三种类型:一是开展创新活动并且选择出口模式的企业,其生产率水平最高,即 $\varphi_{I=1}^* < \varphi$;二是未开展创新活动但选择出口模式的企业,其生产率水平较高,即 $\varphi_x^* < \varphi < \varphi_{I=1}^*$;三是既未开

展创新活动又未选择出口模式的企业,其生产率水平最低,即 $\varphi < \varphi_x^*$,这种类型企业只能服务国内市场。如果创新固定成本明显低于出口固定成本,即 $(F_{I=1} - F_{I=0}) < F_x$,那么开展创新活动的企业生产率阈值低于选择出口模式的企业生产率阈值,即 $\varphi_x^* > \varphi_{I=1}^*$ 。在这种情况下,开展创新活动的企业能够出口,而没有开展创新活动的企业只能服务国内市场。

综上所述,卡尔德拉(A.Caldera,2009)认为,企业异质性主要体现在生产率水平上,生产率较高的企业在市场开拓、管理能力、营销宣传等方面比生产率较低的企业更具优势。每一个企业均有开展创新活动的可能,只不过需要支付一定的固定成本。结果表明,只有生产率最高的企业才发现支付一定的创新固定成本是有利可图的,因为通过开展创新活动而降低边际成本所带来的收入增加远远大于支付的固定成本。

二、理论拓展一:不同创新程度的异质性企业出口模式选择

布斯托斯(Bustos,2011)、卡尔德拉(A.Caldera,2009)在梅利兹(Melitz,2003)、赫尔普曼等(Helpman 等,2004)的基础上,较早地将创新因素纳入异质性企业国际化模式选择理论框架中,具有较高的理论价值和较强的现实意义。不过,他们较少注意企业开展不同程度的创新活动就会产生差异较大的绩效,而不同的创新绩效对企业生产率的提升与国际化模式选择的影响也是不同的。博纳瑞和阿木(I.Banri 和 T.Ayumu,2013)利用日本企业数据研究了开放型创新、企业生产率与出口模式选择之间的关系,其创新之处在于在学界较早地将企业创新战略分为内向型和外向型两种类型,不足之处在于没有从企业不同创新程度视角来研究企业出口模式选择问题。实践表明,不仅企业生产率具有异质性,而且企业开展创新活动产生的绩效水平也具有异质性。因此,笔者尝试研究不同创新程度的异质性企业出口模式选择问题。

根据梅利兹(Melitz,2003)的观点,考虑一个垄断竞争产业的情况,其中企业生产的产品是异质的,每个企业的产品需求函数是Dixit-Stiglitz型效用函数,可以表示为 $x = Bp^{-\varepsilon}$。同样的,国外产品的需求函数可以表示为 $x^* = B^* p^{-\varepsilon}$,其他假定与梅利兹(Melitz,2003)相同。

由布斯托斯(Bustos,2011)、博纳瑞和阿木(I. Banri 和 T.Ayumu,2013)可知,服务国内市场的企业利润函数 π^D 可以表示为:

$$\pi^D = B\varphi^{(\varepsilon-1)} (\varepsilon - 1)^{(\varepsilon-1)} \varepsilon^{-\varepsilon} - f_D \qquad (3\text{-}40)$$

式(3-40)中,φ 表示企业生产率水平,ε 表示不同产品之间的替代弹性,f_D 表示企业进入国内市场需要支付的固定成本。

假定无论服务国内市场,还是进行国际化运营,企业均会开展不同程度的创新活动。借鉴布斯托斯(Bustos,2011)的做法,认为企业开展创新活动的结果是在增加固定成本的同时,降低了企业的边际成本。具体表达式为:

$$IN_l(q,\varphi) = f_{in} + \frac{q}{\varphi}$$

$$\qquad (3\text{-}41)$$

$$IN_h(q,\varphi) = \zeta f_{in} + \frac{q}{\xi\varphi}$$

式(3-41)中,$IN_i(q,\varphi)$ 表示不同程度的企业创新总成本,是关于产量和生产率的函数,$i = l, h$。第一个式子表示程度较低(l)的企业创新总成本,f_{in} 表示企业开展创新活动的固定成本,第二个式子表示程度较高（h）的企业创新总成本，ζf_{in} 表示此类企业开展创新活动的固定成本，$q/\xi\varphi$ 表示此类企业开展创新活动的可变成本，其中，$\zeta > 1$，$\xi > 1$。所以，服务国内市场的企业开展不同程度创新的利润函数可以表示为：

$$\pi_l^D = B\varphi^{(\varepsilon-1)} (\varepsilon - 1)^{(\varepsilon-1)} \varepsilon^{-\varepsilon} - f_D - f_{in} \tag{3-42}$$

$$\pi_h^D = B\varphi^{(\varepsilon-1)} (\varepsilon - 1)^{(\varepsilon-1)} \varepsilon^{-\varepsilon} \xi^{(\varepsilon-1)} - f_D - \zeta f_{in} \tag{3-43}$$

假定企业选择出口模式进入国际市场需要支付一定的固定成本 f_E，同时，出口产品面临着冰山成本，τ 单位出口产品仅有 1 单位产品达到目的地。那么，根据博纳瑞和阿木（I. Banri 和 T. Ayumu，2013），可知选择出口模式进行国际化经营的企业利润函数 π^E 可以表示为：

$$\pi^E = \varphi^{(\varepsilon-1)} \left[B(\varepsilon - 1)^{(\varepsilon-1)} \varepsilon^{-\varepsilon} + \tau^{-\varepsilon}Y^* \right] - f_E \tag{3-44}$$

梅利兹（Melitz，2003）认为，企业生产率符合 $\varphi > f_E/(\tau^{-\varepsilon}Y^*)$ 时，企业可以选择出口模式进入国际市场。所以，选择出口模式进入国际市场的企业开展不同程度创新的利润函数可以表示为：

$$\pi_l^E = \varphi^{(\varepsilon-1)} \left[B(\varepsilon - 1)^{(\varepsilon-1)} \varepsilon^{-\varepsilon} + \tau^{-\varepsilon}Y^* \right] - f_E - f_{in} \tag{3-45}$$

$$\pi_h^E = \xi^{(\varepsilon-1)} \varphi^{(\varepsilon-1)} \left[B(\varepsilon - 1)^{(\varepsilon-1)} \varepsilon^{-\varepsilon} + \tau^{-\varepsilon}Y^* \right] - f_E - \zeta f_{in}$$

$$\tag{3-46}$$

总体来说，在这种情况下，企业的选择存在四种可能性，其中，$(\varphi^D)^{\varepsilon-1}$ 是进入市场发现有利可图时的企业生产率水平（$\pi_l^D = 0$），$(\varphi^E)^{\varepsilon-1}$ 是企业开展较低程度的创新活动发现选择出口模式进入国际市场是有利可图时的企业生产率水平（$\pi_l^D = \pi_l^E$），$(\varphi^h)^{\varepsilon-1}$ 是选择出口模式进入国际市场的企业发现开展较高程度的创新活动似乎有利可图时的企业生产率水平（ $\pi_l^E = \pi_h^E$ ），其表达式分别为：

$$(\varphi^D)^{\varepsilon-1} = \frac{f_D + f_{in}}{B(\varepsilon-1)^{(\varepsilon-1)}\varepsilon^{-\varepsilon}} \tag{3-47}$$

$$(\varphi^E)^{\varepsilon-1} = \frac{f_E - f_D}{\tau^{-\varepsilon}Y^*} \tag{3-48}$$

$$(\varphi^h)^{\varepsilon-1} = \frac{(\zeta-1)f_{in}}{[\xi^{(\varepsilon-1)}-1][B(\varepsilon-1)^{(\varepsilon-1)}\varepsilon^{-\varepsilon} + \tau^{-\varepsilon}Y^*]} \tag{3-49}$$

不同创新程度的异质性企业出口模式选择结果如图 3-5 所示。当企业生产率 $\varphi < \varphi^D$ 时，企业的合理选择是退出市场；当企业生产率 $\varphi^D < \varphi < \varphi^E$ 时，企业的合理选择是开展较低程度的创

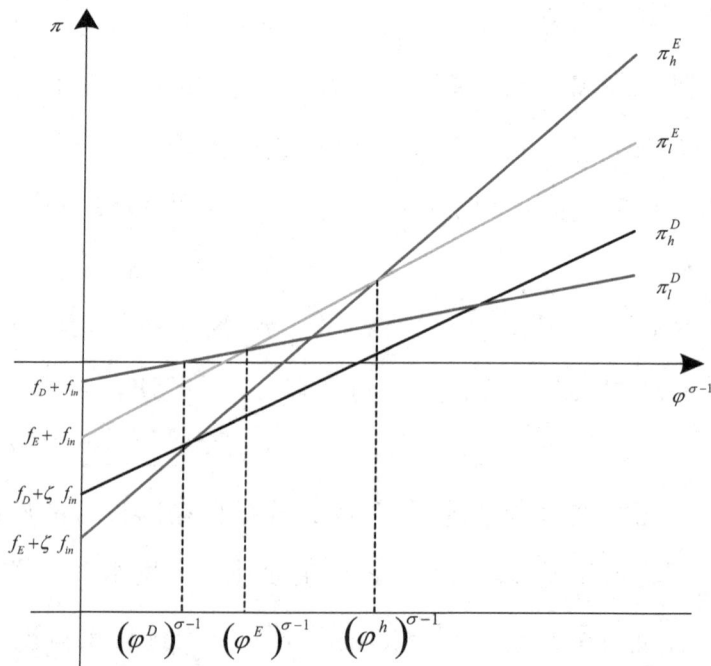

图 3-5　不同创新程度的异质性企业出口模式选择

新活动服务国内市场；当企业生产率 $\varphi^E < \varphi < \varphi^h$ 时，企业的合理选择是开展较低程度的创新活动选择出口模式进入国际市场；当企业生产率 $\varphi^h < \varphi$ 时，企业的合理选择是开展较高程度的创新活动选择出口模式进入国际市场。

为什么没有考虑开展较高程度的创新活动选择服务国内市场呢？因为图3-5显示，π_h^D 小于 π_l^D、π_l^E 和 π_h^E，因此，π_h^D 函数一直在 π_l^D、π_l^E 和 π_h^E 下面。因此，无论是 $\varphi < \varphi^D$、$\varphi^D < \varphi < \varphi^E$，还是 $\varphi^E < \varphi < \varphi^h$、$\varphi^h < \varphi$，$\pi_h^D$ 均不是最大值，因此，在均衡时，没有考虑开展较高程度的创新活动选择服务国内市场情况。

另外，通过求导发现，$(\varphi^D)^{\varepsilon-1}$ 与 f_D、f_{in}、ε、B 均有紧密的关系。当 f_D、f_{in} 越小，B 越大时，$(\varphi^D)^{\varepsilon-1}$ 就越小，说明企业进入市场获取利润所要求的生产率阈值就越小，反之亦然。$(\varphi^E)^{\varepsilon-1}$ 与 f_D、f_E、τ、ε、Y^* 均有紧密的关系。当 f_E、τ、ε 越大时，f_D、Y^* 越小，说明企业进入市场开展较低程度的创新活动获取利润所要求的生产率阈值就越大，反之亦然。$(\varphi^h)^{\varepsilon-1}$ 与 f_{in}、ξ、ζ、B、τ、ε、Y^* 均有紧密的关系。在其他条件不变时，f_{in}、τ 越小，ξ、ζ、Y^*、B 越小，说明企业开展较高程度的创新活动进入国际市场能够获取利润所要求的生产率阈值就越小，反之亦然。

综上所述，不同创新程度的异质性企业出口模式选择结果，包括 $[0,(\varphi^D)^{(\sigma-1)}]$ 部分的横坐标，此时由于企业退出市场，因此企业利润水平为 0；$[(\varphi^D)^{(\sigma-1)},(\varphi^E)^{(\sigma-1)}]$ 部分的 π_l^D，此时企业开展较低程度创新活动服务国内市场；$[(\varphi^E)^{(\sigma-1)},(\varphi^h)^{(\sigma-1)}]$ 部分的 π_l^E，此时企业开展较低程度创新活动选择出口模式进入国际市场；$[(\varphi^h)^{(\sigma-1)},+\infty)$ 部分的 π_h^E，此时企业开展较高程度创新活动选择出口模式进入国际市场。帕朗卡拉亚（Palangkaraya，2012）、布拉迪和菲利斯（Bratti 和 Felice，2012）、达米詹等（Damijan 等，2010）、卡斯曼等（Cassiman 等，2010）、哈尔佩恩和马日奇（Halpern 和 Murakzy，2009）分别利用澳大利亚、意大利、斯洛文尼亚、西班牙、匈牙利的微观数据验证了这一结论。

三、理论拓展二：不同创新类型的异质性企业出口模式选择

塔克和马焦尼（A.Turco 和 D.Maggioni，2013）开创性地研究了过程创新和产品创新对异质性企业出口模式选择的影响，认为过程创新降低了企业边际生产成本，而产品创新则是通过提供更高的优良品种。不足之处在于忽略了组织创新的研究。经济合作与发展组织（2005）认为，组织创新具体体现为新的组织结构和组织模式的开发、计划、实施等活动，同时还包括外部知识的学习、获取、创造与机械、工具、设备等资本货物使用的培训与应用，是对整个企业组织进行整体或部分的创新性设计与调整。在卡尔德拉（A.Caldera，2009）、布斯托斯（Bustos，2011）、塔克和马焦尼（A.Turco 和 D.Maggioni，2013）的基础上，将创新细分为过程创新、产品创新和组织创新三种类型，在一个标准垄断竞争框架下，解决不同创新类型的异质性企业出口模式选择问题。在企业异质性假定下，还有部分学者研究了产品创新与出口模式选择之间的关系。费尔霍根（Verhoogen，2008）将产品质量差异和质量异质偏好放在一个统一的框架下，讨论企业质量升级选择问题。克里诺和艾比法尼（Crinò 和 Epifani，2012）分析了跨企业的产品质量异质性与跨国家的消费质量异质性之间的关系。在这种情况下，质量选择是内生的，主要依赖于出口市场特征和出口市场波动，结果显示，

更高质量的产品能够提高企业出口的可能性。

按照塔克和马焦尼(A. Turco 和 D. Maggioni, 2013)的思路,将质量阶梯模型(Quality Ladder Model)应用于需求函数中。在价格给定的情况下,具有代表性的消费者效用最大化为:

$$U = \left[\int_{\zeta \in \Theta} q(\zeta)^\rho x(\zeta)^\rho d\zeta \right]^{\frac{1}{\rho}} \tag{3-50}$$

根据梅利兹(Melitz, 2003)、卡尔德拉(A. Caldera, 2009)和布斯托斯(Bustos, 2011)的观点,将组织创新纳入塔克和马焦尼(A. Turco 和 D. Maggioni, 2013)的观点中。具有代表性的企业收入函数 $r_0(\varphi)$ 和利润函数 $\pi_0(\varphi)$ 分别为:

$$r_0(\varphi) = \frac{\left[\frac{\sigma-1}{\sigma} \frac{\varphi s q(\zeta)}{c} P \right]^{(\sigma-1)} M}{\sigma} \tag{3-51}$$

$$\pi_0(\varphi) = \frac{\left[\frac{\sigma-1}{\sigma} \frac{\varphi s q(\zeta)}{c} P \right]^{(\sigma-1)} M}{\sigma} - f \tag{3-52}$$

式(3-52)中,σ 代表不同种类产品之间的替代弹性,$\sigma > 1$,f 代表固定生产成本。

如果进行过程创新,那么企业必须支付一定的固定成本 f_{pc},促使企业可变单位成本由 c 降低到 ϑc($0 < \vartheta < 1$)。在这种情况下,具有代表性的企业利润函数为:

$$\pi_{pc}(\varphi) = \frac{\left[\frac{\sigma-1}{\sigma} \frac{\varphi s q(\zeta)}{\vartheta c} P \right]^{(\sigma-1)} M}{\sigma} - f - f_{pc} \tag{3-53}$$

如果进行产品过程创新,那么企业必须支付一定的固定成本 f_{pd},促使企业产品质量由 $q(\zeta)$ 提高到 $\mu q(\zeta)$($\mu > 1$)。在这种情

况下,具有代表性的企业利润函数为:

$$\pi_{pd}(\varphi) = \frac{\left[\dfrac{\sigma-1}{\sigma}\dfrac{\varphi s\mu q(\zeta)}{c}P\right]^{(\sigma-1)}M}{\sigma} - f - f_{pd} \qquad (3-54)$$

如果进行产品组织创新,那么企业必须支付一定的固定成本 f_{st},促使企业组织质量由 s 提高到 ηs($\eta>1$)。在这种情况下,具有代表性的企业利润函数为:

$$\pi_{pd}(\varphi) = \frac{\left[\dfrac{\sigma-1}{\sigma}\dfrac{\varphi(\eta s)q(\zeta)}{c}P\right]^{(\sigma-1)}M}{\sigma} - f - f_{st} \qquad (3-55)$$

如果同时进行三种类型的创新活动,根据范贝弗伦和范登布斯切(Van Beveren 和 Vandenbussche,2010)的观点,具有代表性的企业利润函数为:

$$\pi_{pc\cdot pd\cdot st}(\varphi) = \frac{\left[\varphi\dfrac{\sigma-1}{\sigma}\dfrac{\eta s\mu q(\zeta)}{\vartheta c}P\right]^{(\sigma-1)}M}{\sigma} - f - \lambda(f_{pc}+f_{pd}+f_{st})$$

$$(3-56)$$

根据塔克和马焦尼(A.Turco 和 D.Maggioni,2013)的观点,企业决定进行过程创新、产品创新、组织创新以及同时进行三种类型创新活动的条件分别是:

$$\left(\frac{1}{\vartheta^{(\sigma-1)}}-1\right)\frac{1}{c^{(\sigma-1)}}\left[\frac{\sigma-1}{\sigma}\varphi sq(\zeta)P\right]^{(\sigma-1)}M>f_{pi}$$

$$[\mu^{(\sigma-1)}-1]q(\zeta)^{(\sigma-1)}\left(\frac{\sigma-1}{\sigma}\frac{\varphi}{c}sP\right)^{(\sigma-1)}M>f_{pd}$$

$$[\eta^{(\sigma-1)}-1]s^{(\sigma-1)}\left[\frac{\sigma-1}{\sigma}\frac{\varphi}{c}q(\zeta)P\right]^{(\sigma-1)}M>f_{st}$$

$$\left[\left(\frac{\eta\mu}{\vartheta}\right)^{(\sigma-1)}-1\right]\left[\frac{sq(\zeta)}{c}\right]^{(\sigma-1)}\left(\frac{\sigma-1}{\sigma}\varphi P\right)^{(\sigma-1)}M >$$

$$\lambda(f_{pi}+f_{pd}+f_{st}) \tag{3-57}$$

由此可见,企业是否进行产品创新取决于质量升级的程度,是否进行过程创新取决于成本节约的程度,是否进行组织创新取决于组织优化的程度。

梅利兹(Melitz,2003)认为,企业选择出口模式进入需要支付一定的固定成本 f_e 和冰山成本 $\tau > 1$。企业是否选择出口模式取决于企业在国际市场上所获取的利润是否大于零。没有进行创新活动的出口企业必须满足的条件是:

$$\frac{\tau^{(1-\sigma^*)}}{\sigma^*}r^*(\varphi) > f_e \tag{3-58}$$

进行过程创新、产品创新、组织创新以及同时进行三种类型创新活动的出口企业必须满足的条件是:

$$\tau^{(1-\sigma^*)}r_{pi}^*(\varphi)/\sigma^* > f_e \tag{3-59}$$

$$\tau^{(1-\sigma^*)}r_{pd}^*(\varphi)/\sigma^* > f_e \tag{3-60}$$

$$\tau^{(1-\sigma^*)}r_{st}^*(\varphi)/\sigma^* > f_e \tag{3-61}$$

$$\tau^{(1-\sigma^*)}r_{pi\cdot pd\cdot st}^*(\varphi)/\sigma^* > f_e \tag{3-62}$$

企业在国外市场获取的利润 r^* 与国外市场收入水平 M^*、总价格指数 P^*、组织结构 s^* 和不同种类产品之间的替代弹性 σ^* 等有紧密的关系。卡尔德拉(A.Caldera,2009)认为,国外市场需求弹性高于国内市场。比较式(3-58)和式(3-62),进行创新活动,尤其是同时进行三种类型创新活动的企业更加可能选择出口模式进入国际市场。

当企业选择创新活动所带来的产品质量优势高于产品成本优

势与企业组织优势时,即:

$$\frac{\mu q(\zeta)}{q(\zeta)^*} - \mathrm{Max}\left(\frac{c^*}{\vartheta c}, \frac{\eta s}{s^*}\right) > 0 \qquad (3\text{-}63)$$

此时,企业选择产品创新就可以增加选择出口模式进入国际市场的可能性。

当企业选择创新活动所带来的产品成本优势高于产品质量优势与企业组织优势时,即:

$$\frac{c^*}{\vartheta c} - \mathrm{Max}\left[\frac{\mu q(\zeta)}{q(\zeta)^*}, \frac{\eta s}{s^*}\right] > 0 \qquad (3\text{-}64)$$

此时,企业选择过程创新就可以增加选择出口模式进入国际市场的可能性。

当企业选择创新活动所带来的企业组织优势高于产品成本优势与产品质量优势时,即:

$$\frac{\eta s}{s^*} - \mathrm{Max}\left[\frac{\mu q(\zeta)}{q(\zeta)^*}, \frac{c^*}{\vartheta c}\right] > 0 \qquad (3\text{-}65)$$

此时,企业选择组织创新就可以增加选择出口模式进入国际市场的可能性。

已有成果在企业异质性假设下解释了企业生产率与出口模式选择之间的关系,为研究提供了理论基础。在异质性企业贸易模型框架下分析了创新、企业生产率与出口模式选择之间的关系,同时扩展了这种关系的适用范围。比如,将出口模式细分为直接出口模式和间接出口模式,讨论创新如何通过影响企业生产率,进而实现影响企业国际化模式;在异质性假设下讨论了出口模式选择影响企业创新的内在机理;讨论了当运输成本为零时,企业如何在出口模式和投资模式之间选择；讨论了不同创新程度（或不同创新类型）对企业出口模式选择的影响等等。不足之处是没有将产品质量考虑其中。新新贸易理论的前沿方向是将产品质量视为企业异质性的另一个来源。讨论创新、产品质量和出口模式选择之间的关系是下一步研究的方向。

第四章　创新、企业生产率与投资模式
选择理论分析

近二十年来,国际贸易领域的一个显著特征是,外商直接投资(FDI)以两位数的速度保持快速增长(Navaretti 和 Venables,2004;UNCTAD,2011),外商投资企业及其分支机构间的贸易额已经超过了世界出口贸易额(Raff 和 Ryan,2008)。同时,不再是简单的母公司与子公司间的贸易往来,而是在多个平台上进行贸易,实施更加复杂的并购战略(Ekholm 等,2007;Nocke 和 Yeaple,2007)。本章在新新贸易理论的框架下,在赫尔普曼等(Helpman 等,2004)成果的基础上,将创新纳入新新贸易理论模型中,同时拓展结论的适用性。比如,本章考虑跨国公司与当地公司联合经营的情形,考虑出口平台型 FDI 模式,考虑企业生产率不确定与模式选择时机等。

第一节　企业异质性与不同类型对外直接投资选择

梅利兹(Melitz,2003)构建了一个垄断竞争市场中异质性企业的理论模型,研究国际贸易的产业内效应,理论观点源自不同企业生产率之间的交互影响,可变贸易成本的存在和企业间出口固定成本的相似性。由于研究视角从国家层面或产业层面转向企业层面,梅利兹(Melitz,2003)的理论成为现代国际贸易理论的奠基之作。许多学者从不同方面对其进行了拓展,尝试解决更多的国际贸易和国际投资现实问题。赫尔普曼等(Helpman 等,2004)拓展了梅利兹(Melitz,2003)的理论,解决了出口模式和水平型 FDI 模式之间的选择问题。不过,赫尔普曼等(Helpman 等,2004)仅研究了水平型 FDI,或者是全部控股子公司 (Wholly-Owned Subsidiaries),忽略了其他模式的 FDI 和企业所有权选择,比如联合经营 FDI、绿地投资、跨国并购。实际上,选择这些模式是现代国际贸易和国际投资的普遍特征。在梅利兹(Melitz,2003)、赫尔普曼等(Helpman 等,2004)、赛立卡和莱安(A.Cieślika和 M.Ryan, 2012)研究的基础上,笔者研究企业如何在 FDI 模式和出口模式之间进行选择。另外,将 FDI 模式细分为全部控股(Wholly-Owned)和联合经营(Joint-Ventures),将联合经营按照本国资本所占比例,细分为少数、平均和多数三种模式。最后,在一定程度上,梅利兹(Melitz,2003)、赫尔普曼等(Helpman 等,2004)的理论是一种静态分析,没有考虑到不同模式之间的动态变化。所以,重点讨论创新因素是否能够引起企业国际化模式的动态变化。

一、模型基本假设

在赫尔普曼等 (Helpman 等, 2004) 和赛立卡和莱安 (A.Cieślika 和 M.Ryan,2012)的理论框架下,国内市场第 i 种产品的需求函数可以表示为:

$$x_i = \frac{A\varphi^{\varepsilon}(\varepsilon-1)^{\varepsilon}\varepsilon^{-\varepsilon}}{w^{\varepsilon}} \qquad (4-1)$$

式(4-1)中,A 是需求水平,内生于产业而外生于企业,ε 是任何两种产品间的替代弹性,$\varepsilon > 1$,φ 是企业生产率,w 是工资率。

假定企业存在一个固定的生产成本 f_d,那么国内市场第 i 种产品的利润函数可以表示为:

$$\pi_d = Aw^{(1-\varepsilon)}\varepsilon^{(1-\varepsilon)}(\varepsilon-1)^{(\varepsilon-1)}\varphi_d^{(\varepsilon-1)} - f_d \qquad (4-2)$$

梅利兹(Melitz,2003)、赫尔普曼等(Helpman 等,2004)已经证明,存在一个生产率阈值 φ_d^*。当生产率 $\varphi < \varphi_d^*$ 时,企业的合理决策是退出市场,因为企业不能承担或支付固定成本;当生产率 $\varphi > \varphi_d^*$ 时,企业的合理决策是进入市场,因为企业发现进入市场,除了承担或支付固定成本外,还会产生一定的生产利润。

除了本国 H,还存在另外一个国家 F。假定两个国家的产品需求弹性相同,但是需求水平不同,即国家 F 的需求水平为 $B(B \neq A)$。假定产品从本国 H 出口到国家 F,不仅要花费一定的出口固定成本 f_e,而且需要支付一定的冰山成本 τ。同时,为了保护本国生产者利益,国家 F 进行贸易保护。为了便于分析,仅以进口关税来代表贸易保护的情形。绿色壁垒、技术壁垒、反倾销和知识产权保护等非关税壁垒措施可以类似推出。假定国家 F 的进口关税率为 δ。因此,在这种情形下,国家 F 进口商品的价格为:

$$p_F = \frac{(1+\delta)(\varepsilon-1)w}{\varepsilon\varphi_F} \qquad (4-3)$$

那么,国家 F 市场第 i 种产品的利润函数可以表示为:

$$\pi_e = B\tau^{(1-\varepsilon)}(1+\delta)w^{(1-\varepsilon)}\varepsilon^{(1-\varepsilon)}(\varepsilon-1)^{(\varepsilon-1)}\varphi_e^{(\varepsilon-1)} - f_e \quad (4-4)$$

梅利兹(Melitz,2003)、赫尔普曼等(Helpman 等,2004)已经证明,存在一个生产率阈值 φ_e^*。当生产率 $\varphi > \varphi_d^*$ 时,企业的合理决策是同时进入国际市场和国内市场;当生产率 $\varphi_d^* < \varphi < \varphi_e^*$ 时,企业的合理决策是退出国际市场,返回国内市场,因为它不能承担或支付出口固定成本;当生产率 $\varphi < \varphi_d^*$ 时,企业的合理决策是退出国内市场,因为它不能承担或支付固定生产成本。

假定企业选择投资模式进入国家 F,与出口模式相比,投资模式不用支付冰山成本,但是必须支付购买生产设备和建设子公司的固定成本 $f_f(f_f > f_e)$。由于投资模式不仅能够产生技术溢出效应,而且能够产生就业效应,因此,国家 F 给予跨国公司一定的补贴。假定国家 F 的补贴率为 η。因此,在这种情形下,国家 F 进口商品的价格为:

$$p_F = \frac{(1 - \eta)(\varepsilon - 1)w}{\varepsilon \varphi_F} \tag{4-5}$$

那么,国家 F 市场第 i 种产品的利润函数可以表示为:

$$\pi_f = B(1 - \eta)w^{(1-\varepsilon)}\varepsilon^{(1-\varepsilon)}(\varepsilon - 1)^{(\varepsilon-1)}\varphi_f^{(\varepsilon-1)} - f_f \tag{4-6}$$

二、模型拓展:考虑联合经营的情况

赫尔普曼等(Helpman 等,2004)没有考虑在国家 F 跨国公司与当地公司联合经营的情形。虽然全部控股子公司(Wholly-Owned Subsidiaries)可以获取投资的全部利润,但是他们不得不支付全部的固定成本。如果选择联合经营模式,本国 H 在国家 F 可以借助于本地企业的厂房、机器、设备和社会关系等顺利进行生产,很有可能获得更高的利润。唯一需要考虑的是,跨国公司与本地公司之间如何分配利润。因此,重点考虑企业选择联合经营的模式进入国际市场。

假设跨国公司获得的利润比例为 γ，$0 < \gamma < 1$，那么本地企业获得的利润比例就是 $1 - \gamma$。所以，考虑联合经营模式时，国家 F 跨国公司的利润函数可以表示为：

$$\pi_{f_{j*}} = Ar(1 - \eta) w^{(1-\varepsilon)} \varepsilon^{(1-\varepsilon)} (\varepsilon - 1)^{(\varepsilon-1)} \varphi_f^{(\varepsilon-1)} - rf_f$$

$$(4-7)$$

当 $\gamma = 1$，$\eta = 0$ 时，式（4-7）与赫尔普曼等（Helpman 等，2004）的观点完全相同。因此，赫尔普曼等（Helpman 等，2004）的观点是一种特殊情况。当 $\gamma = 1$ 时，式（4-7）就是企业选择全部控股 FDI 模式进入国际市场时所获取的利润。

按照赛立卡和莱安（A.Cieślika 和 M.Ryan，2012）的思路，将跨国公司获得的利润比例分为三种类型，分别是较高（$50\% < \gamma < 100\%$）、中等（$\gamma = 50\%$）和较低（$0 < \gamma < 50\%$），所以，出口模式、全部控股模式和联合经营模式的利润函数斜率分别为：

$$k_e = \tau^{(1-\varepsilon)} B(1 + \delta) \Theta \qquad\qquad (4-8)$$

$$k_f = B(1 - \eta) \Theta \qquad\qquad (4-9)$$

$$k_{f_{j*}} = Br(1 - \eta) \Theta \qquad\qquad (4-10)$$

其中，$\Theta = w^{(1-\varepsilon)} \varepsilon^{(1-\varepsilon)} (1 - \varepsilon)^{(\varepsilon-1)}$。

三、最优国际化模式

由式（4-8）、式（4-9）、式（4-10）可知，三种利润函数斜率之间的大小关系与 τ、ε、δ、η、r 有紧密的关系。

当 $0 < \eta < 1 - \dfrac{\tau^{(1-\varepsilon)} (1 + \delta)}{r}$ 时，$k_e < k_{f_{j*}} < f_f$。此时，最优国际化模式选择如图 4-1 所示。在国家 F，跨国公司获得的利润比

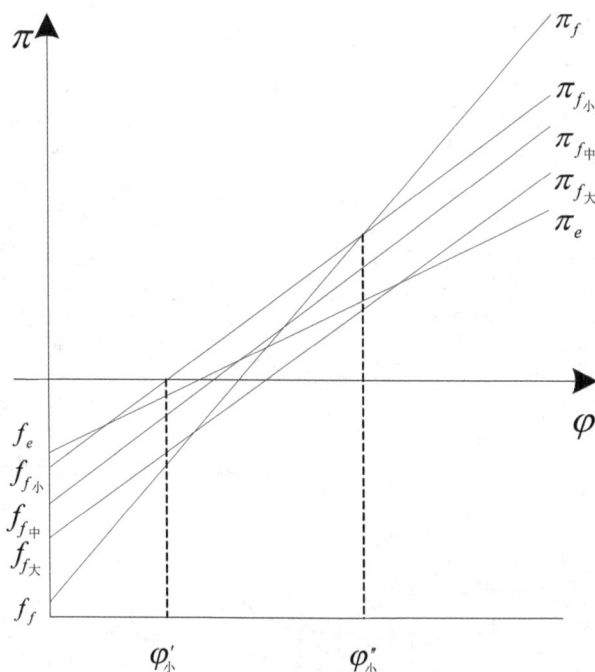

图 4-1　考虑联合经营的第一种情况

例 r 比较低时,最优国际化模式选择如下:当 $0 < \varphi < \varphi'_{小}$ 时,企业退出国际市场;当 $\varphi'_{小} < \varphi < \varphi''_{小}$ 时,企业选择联合经营 FDI 模式进入国际市场;当 $\varphi''_{小} < \varphi$ 时,企业选择全部控股 FDI 模式。在国家 F,跨国公司获得的利润比例 r 中等或者比较高时,最优国际化模式选择如下:当 $0 < \varphi < \varphi'_{中}$ 时,企业退出国际市场;当 $\varphi'_{中} < \varphi < \varphi''_{中}$ 时,企业选择出口模式进入国际市场;当 $\varphi''_{中} < \varphi$ 时,企业选择全部控股 FDI 模式。

当 $1 - \dfrac{\tau(1 + \delta)}{r} < \eta < 1 - \tau(1 + \delta)$ 时,$k_{f_v} < k_e < f_f$。此时,最优国际化模式选择如图 4-2 所示。在国家 F,跨国公司获得的利润比例 r 比较低时,最优国际化模式选择如下:当 $0 < \varphi < \varphi'_{小}$ 时,企

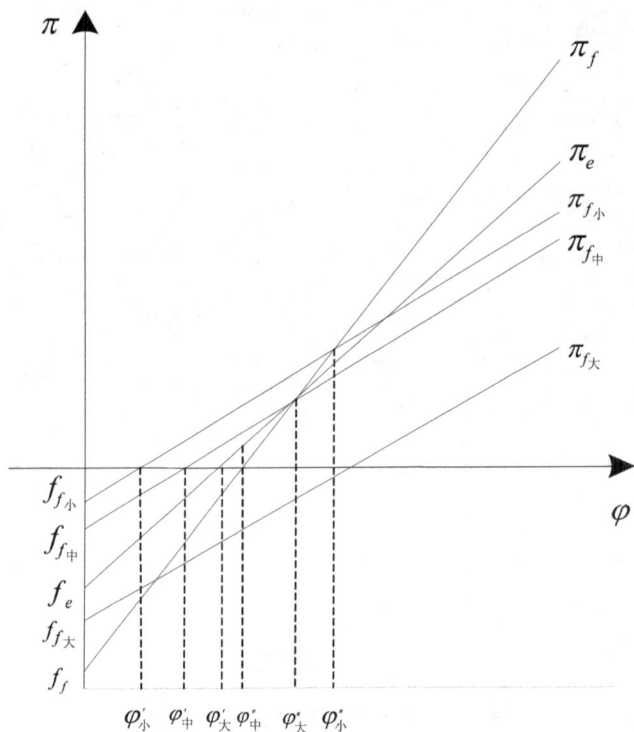

图 4-2　考虑联合经营的第二种情况

业退出国际市场;当 $\varphi'_{小} < \varphi < \varphi''_{小}$ 时,企业选择联合经营 FDI 模式进入国际市场;当 $\varphi''_{小} < \varphi$ 时,企业选择全部控股 FDI 模式。在国家 F,跨国公司获得的利润比例 r 中等时,最优国际化模式选择如下:当 $0 < \varphi < \varphi'_{中}$ 时,企业退出国际市场;当 $\varphi'_{中} < \varphi < \varphi''_{中}$ 时,企业选择联合经营 FDI 模式进入国际市场;当 $\varphi''_{中} < \varphi < \varphi'''_{中}$ 时,企业选择出口模式进入国际市场;当 $\varphi'''_{中} < \varphi$ 时,企业选择全部控股 FDI 模式进入国际市场。在国家 F,跨国公司获得的利润比例 r 较高时,最优国际化模式选择如下:当 $0 < \varphi < \varphi'_{大}$ 时,企业退出国际市场;当 $\varphi'_{大} < \varphi < \varphi''_{大}$ 时,企业选择出口模式进入国际市场;当 $\varphi''_{大} < \varphi$ 时,企业选择全部控股 FDI 模式进入国际市场。

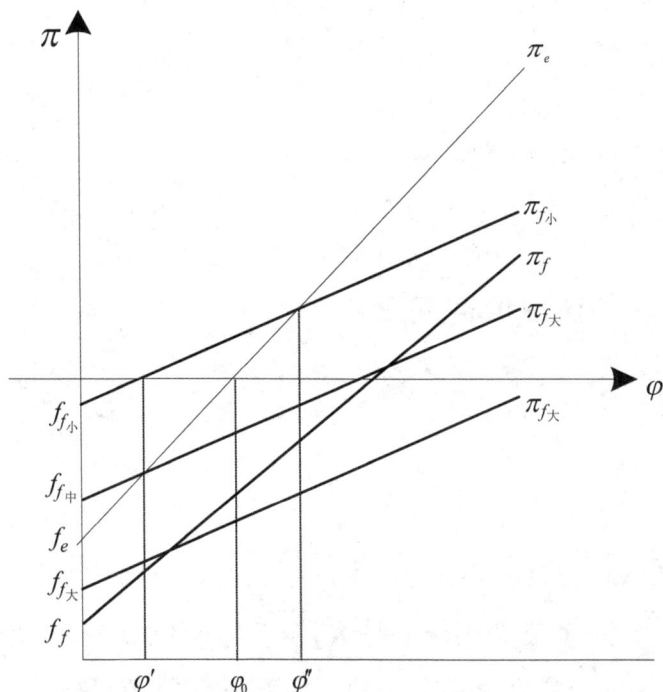

图4-3　考虑联合经营的第三种情况

当 $1 - \tau(1 + \delta) < \eta$ 时，$k_{f_e} < f_f < k_e$。此时，最优国际化模式选择如图4-3所示。在国家 F，跨国公司获得的利润比例 r 比较低时，最优国际化模式选择如下：当 $0 < \varphi < \varphi'$ 时，企业退出国际市场；当 $\varphi' < \varphi < \varphi''$ 时，企业选择联合经营 FDI 模式进入国际市场；当 $\varphi''_{\text{小}} < \varphi$ 时，企业选择出口模式进入国际市场。在国家 F，跨国公司获得的利润比例 r 中等或较大时，最优国际化模式选择如下：当 $0 < \varphi < \varphi_0$ 时，企业退出国际市场；当 $\varphi > \varphi_0$ 时，企业选择出口模式进入国际市场。

四、创新是否影响最优模式的选择

这一部分重点考察创新是否影响最优模式的选择。当 $1 -$

$\tau(1 + \delta) < \eta$ 且跨国公司获得的利润比例 r 比较低时,考虑一个创新因素 $M^\theta(M, \theta > 1)$, φ'、φ'' 的表达式可以表示为:

$$\varphi' = \frac{rf_f}{Ar(1 - \eta) M^\theta w\varepsilon (\varepsilon - 1)} \qquad (4\text{-}11)$$

$$\varphi'' = \frac{(1 - r)f_f}{[B\tau(1 + \delta) - Ar(1 - \eta)] M^\theta w\varepsilon (\varepsilon - 1)} \qquad (4\text{-}12)$$

φ'、φ'' 分别对 θ 求导,可得:

$$\frac{\partial \varphi'}{\partial \theta} < 0 \qquad (4\text{-}13)$$

$$\frac{\partial \varphi''}{\partial \theta} < 0 \qquad (4\text{-}14)$$

式(4-13)、式(4-14)说明生产率阈值 φ 与创新因子 θ 之间存在负相关关系,即创新因子 θ 越大,生产率阈值 φ 越小,企业越有可能实现国际化模式之间的变换,从而获得更高的利润。

第二节　创新、企业生产率与出口平台型 FDI 选择

传统的国际投资理论按照 FDI 流入国不同将 FDI 分为水平型 FDI 和垂直型 FDI 两种模式,其中前者说明当跨国公司实施市场寻求型 FDI 时,东道国市场规模和贸易成本是核心因素,主要进行当地销售;后者说明当跨国公司进行效率寻求型 FDI 时,劳动力成本是主要因素(K.Hayakawa 和 K.Tanaka,2011),主要进行返销母国。随着国际分工不断细化和全球竞争日趋激烈,片段化生产逐步成为国际生产的普遍形式,逐渐改变着传统的国际投资模式。一些跨国公司以其他国家为出口平台进行直接投资,目的是利用

东道国的各种禀赋优势生产中间产品或者最终产品并主要向东道国和母国以外的其他国家进行销售（Ekholm、Forslid 和 Markusen，2003）。根据埃克赫姆、福斯利德和马库森（Ekholm、Forslid 和 Markusen，2003）的测算，2000 年所有 39 个样本中美国国内子公司的当地销售平均比例为 60%，返销母国为 12%，对第三国出口比例平均为 28%，其中，子公司出口在第三国（葡萄牙）占出口份额为 98%，在第三国（希腊）为 97%，在第三国（荷兰）为 95%。伴随着全球经济化的逐步深化，出口平台型 FDI 必将成为国际投资领域新型投资模式。赫尔普曼等（Helpman 等，2004）及后来者较少涉及这种投资模式。因此，在异质性假设下，借鉴早川和坦纳克（K.Hayakawa 和 K.Tanaka，2011）的思路，解决企业生产率与出口平台型 FDI 模式选择问题。

一、模型基本假设

早川和坦纳克（K.Hayakawa 和 K.Tanaka，2011）假定存在三个国家，分别是本国 H 和两个东道国 H_N、H_S，产成品是水平差异型，每个企业可以在东道国 H_N、H_S 生产一种不同的品牌，但不能在本国 H 生产，且仅能在东道国 H_N 消费（Grossman 等，2008）。在东道国 H_N，典型消费者的效用函数是一个 CES 函数。根据赫尔普曼等（Helpman 等，2004）的观点，i 国家第 k 类产品的需求函数可以表示为：

$$q_i(k) = \frac{P^{(\sigma-1)} Y}{p_i(k)^{\sigma}} \qquad (4-15)$$

式（4-15）中，P 是所有商品的价格总指数，Y 是东道国 H_N 典型消费者的总收入，σ 是不同产品的替代弹性，且 $\sigma > 1$。

关于贸易成本,假定存在以下三种情况:如果产成品在东道国 H_N 生产和消费,且不存在冰山成本;如果中间产品在东道国 H_N 生产,最终产品在 H_S 生产,最终运输到东道国 H_N 消费,那么中间产品从 H_N 到 H_S 运输过程中就存在冰山成本 $\tau_{NS}(\tau_{NS} > 1)$;如果产品在东道国 H_S 生产,那么这些产品必须运往东道国 H_N 消费,此时从 H_S 到 H_N 就存在冰山成本 $\tau_{SN}(\tau_{SN} > 1)$ 。

假定产品生产过程是里昂惕夫型生产结构,即第一阶段需要 ξ^θ/φ_i 个单位的熟练劳动力,其中,ξ 是创新基础,θ 是创新因子,$0 < \xi < 1, \theta > 1$,产生中间产品;第二阶段需要一单位中间产品和 ξ^θ/φ_i 个单位的非熟练劳动力,产生最终产品。同时,熟练劳动力和非熟练劳动力的价格分别为 p_k、p_u,那么,东道国 H_N、H_S 的熟练劳动力和非熟练劳动力的价格分别为 p_{kN}、p_{uN} 和 p_{kS}、p_{uS}。另外,假定本国与东道国 H_N 的要素价格相同。如果企业分别在东道国 H_N、H_S 生产中间产品和最终产品,那么它们必须分别支付企业创建成本 f_N、f_S。如果企业在东道国 H_S 生产中间产品和最终产品,那么它们必须支付企业创建成本 $f_N + f_S$。相对于冰山成本 τ_{NS} 和 τ_{SN},创建成本 f_N、f_S 非常小。

埃克霍尔姆等(Eckholm 等,2007)根据跨国公司目的地将 FDI 分为母国出口平台、第三国出口平台和全球出口平台。巴勒塔吉等(Baltagi 等,2007)、格罗斯曼等(Grossman 等,2006)、阿鲁巴和李(Aw 和 Lee,2007)也进行了 FDI 分类。埃尔克·诺克和斯蒂芬·耶普尔(Volker Nocke 和 Stephen Yeaple,2004)与这些成果不同,因为耶普尔(Yeaple,2003)认为,公司在海外生产中间产品,并进行全球供应。姆拉茨韦和内亚利(Mrazova 和 Neary,2011)认为,出口平台的目的是建立一个海外子公司并将产品供应东道国和邻近的第三国。按照早川和坦纳克（K.Hayakawa 和 K.Tanaka，2011），将出口型 FDI 分为水平型 FDI(H)、垂直型 FDI(P)和混合型 FDI(C)。水平型 FDI(H)是第一阶段和第二阶段生产活动都在东道国 H_N 进行，在国内供给产成品且消费活动也在东道国 H_N 进行。垂直型 FDI(P)是第一阶段和第二阶段生产活动都在东道国 H_S 进行，产品是从 H_S 供给到 H_N，且消费活动也在东道国 H_N 进行。混合型 FDI(C)是第一阶段生产活动在东道国 H_N 进行，第二阶段生产活动在东道国 H_S 进行，产品是从 H_S 供给到 H_N，且消费活动也在东道国 H_N 进行。之所以忽略了这样一种投资模式，即第一阶段生产活动在东道国 H_S 进行，第二阶段生产活动在东道国 H_N 进行，且消费活动也在东道国 H_N 进行，是因为这种模式所产生的利润水平低于水平型 FDI(H)。

二、边际成本和利润函数

在出口型 FDI 分为水平型 FDI(H)、垂直型 FDI(P)和混合型 FDI(C)三种模式中，企业选择能够带来最多利润的那种投资模式。根据假设条件，三种类型的投资模式边际成本分别为：

$$c^H = p_{kN}\frac{\xi^\theta}{\varphi} + p_{uN}\frac{\xi^\theta}{\varphi} \tag{4-16}$$

$$c^P = \left(p_{kS}\frac{\xi^\theta}{\varphi} + p_{uS}\frac{\xi^\theta}{\varphi}\right)\tau_{SN} \tag{4-17}$$

$$c^C = \left(\tau_{NS}p_{kN}\frac{\xi^\theta}{\varphi} + p_{uS}\frac{\xi^\theta}{\varphi}\right)\tau_{SN} \tag{4-18}$$

由于 $p_i = \sigma c_i/(\sigma-1)$，$q_i(k) = P^{(\sigma-1)}Y/p_i(k)^\sigma$，因此，三种类型的投资模式利润函数分别为：

$$\pi^H = A \left(p_{kN} \frac{\xi^\theta}{\varphi} + p_{uN} \frac{\xi^\theta}{\varphi} \right)^{(1-\sigma)} (1-\sigma)^{(\sigma-1)} \sigma^{-\sigma} - f_N \quad (4-19)$$

$$\pi^P = A \left(p_{kS} \frac{\xi^\theta}{\varphi} + p_{uS} \frac{\xi^\theta}{\varphi} \right)^{(1-\sigma)} \tau_{SN}^{(1-\sigma)} (1-\sigma)^{(1-\sigma)} \sigma^{-\sigma} - f_S$$

$$(4-20)$$

$$\pi^C = A \left(\tau_{NS} p_{kN} \frac{\xi^\theta}{\varphi} + p_{uS} \frac{\xi^\theta}{\varphi} \right)^{(1-\sigma)} \tau_{SN}^{(1-\sigma)} (1-\sigma)^{(1-\sigma)}$$

$$\sigma^{-\sigma} - f_N - f_S \quad (4-21)$$

三、企业利润最大化决策

这一部分重点研究最优国际化模式选择问题。三种类型的投资模式利润函数斜率分别为：

$$S^H = (p_{kN} + p_{uN})^{(1-\sigma)} \xi^{\theta(1-\sigma)} (1-\sigma)^{(\sigma-1)} \sigma^{-\sigma} A \quad (4-22)$$

$$S^P = [\tau_{SN}(p_{kS} + p_{uS})]^{(1-\sigma)} \xi^{\theta(1-\sigma)} (1-\sigma)^{(1-\sigma)} \sigma^{-\sigma} A \quad (4-23)$$

$$S^C = [\tau_{SN}(\tau_{NS} p_{kN} + p_{uS})]^{(1-\sigma)} \xi^{\theta(1-\sigma)} (1-\sigma)^{(1-\sigma)} \sigma^{-\sigma} A$$

$$(4-24)$$

根据式（4-22）、式（4-23）、式（4-24），可以得到以下推论：

当 $\tau_{SN} > \dfrac{p_{kN} + p_{uN}}{p_{kS} + p_{uS}}$ 时，$S^H > S^P$；

当 $\tau_{NS} < \dfrac{p_{kS}}{p_{kN}}$ 时，$S^C > S^P$；

当 $\tau_{SN}(\tau_{NS} p_{kN} + p_{uS}) < p_{kN} + p_{uN}$ 时，$S^C > S^H$。

因此，当 $\tau_{SN} > \dfrac{p_{kN} + p_{uN}}{p_{kS} + p_{uS}}$，且 $\tau_{NS} > \dfrac{p_{kS}}{p_{kN}}$ 时，$S^H > S^P$，$S^H > S^C$，

此时企业选择水平型 FDI 作为最优国际化模式选择；当 $\tau_{SN} <$

$\dfrac{p_{kN} + p_{uN}}{p_{kS} + p_{uS}}$ 且 $\tau_{SN}(\tau_{NS}p_{kN} + p_{uS}) > p_{kN} + p_{uN}$ 时，$S^P > S^H$，$S^P > S^C$，企业选择垂直型 FDI 作为最优国际化模式选择；当 $\tau_{NS} < \dfrac{p_{kS}}{p_{kN}}$，且

$\tau_{SN}(\tau_{NS}p_{kN} + p_{uS}) < p_{kN} + p_{uN}$ 时，$S^C > S^P$，$S^C > S^H$，企业选择混合型 FDI 作为最优国际化模式选择。

四、最优国际化模式选择

由式（4-22）、式（4-23）和式（4-24）可知，三种类型的投资模式利润函数是一个融合替代弹性、要素价格、贸易成本、固定成本、企业生产率与创新驱动的复合函数。假设其他因素不变，重点探讨贸易成本、固定成本、企业生产率与最优投资模式选择问题。

为了简便，假定 $\tau_{SN} = \tau_{NS}$，从式（4-22）、式（4-23）和式（4-24）中，可以看到，当贸易成本 τ 较小时，$S^C > S^P > S^H$，此时，混合型 FDI 利润函数斜率最大；当贸易成本 τ 较大时，$S^H > S^P > S^C$，此时，水平型 FDI 利润函数斜率最大；当贸易成本 τ 处于中间程度时，垂直型 FDI 利润函数斜率最大，但是此时不清楚 S^H、S^C 之间的大小情况。由于企业创建成本 f_N、f_S 无法确定大小，因此，假定存在 $f_N > f_S$ 和 $f_N < f_S$ 两种情况。

当贸易成本 τ 较小且 $f_N > f_S$ 时，$S^C > S^P > S^H$ 三种投资模式利润函数如图 4-4 所示。当企业生产率 $\varphi < \varphi'$ 时，企业选择退出市场；当企业生产率 $\varphi' < \varphi < \varphi''$ 时，企业选择垂直型 FDI 进入国际市场；当企业生产率 $\varphi < \varphi''$ 时，企业选择混合型 FDI 进入国际市场。

当贸易成本 τ 较小且 $f_N < f_S$ 时，$S^C > S^P > S^H$，三种投资模式利润函数如图 4-5 所示。当企业生产率 $\varphi < \varphi_0$ 时，企业选择退出

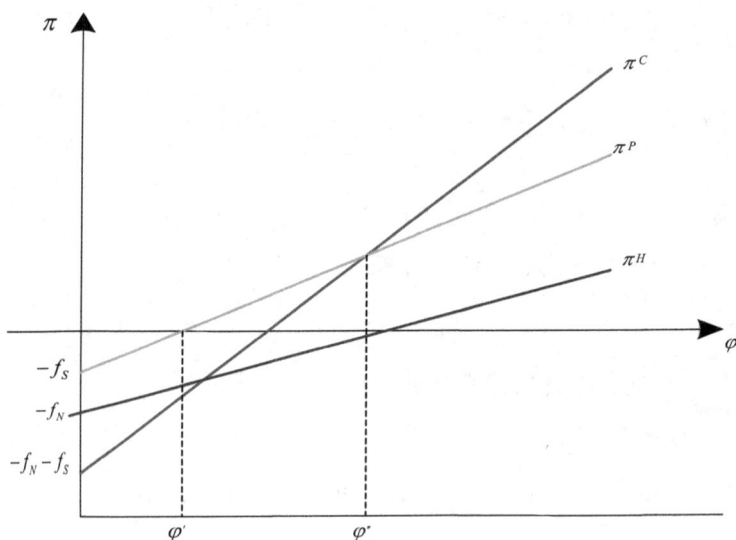

图 4-4　贸易成本较小且固定成本较大时企业国际化模式选择

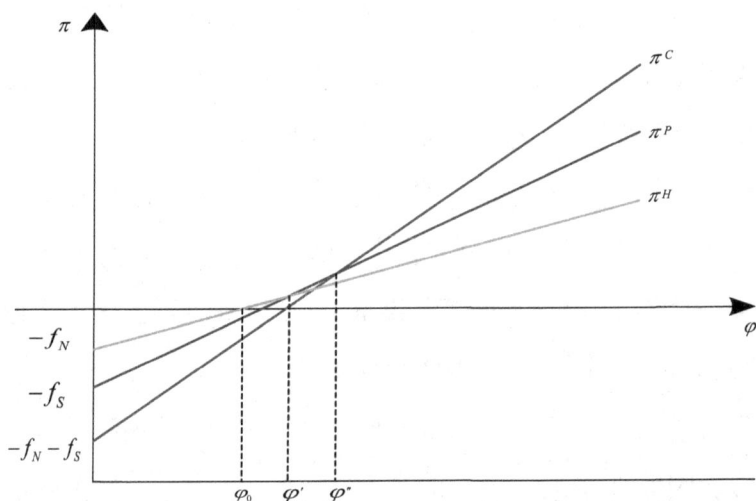

图 4-5　贸易成本较小且固定成本较小时企业国际化模式选择

市场;当企业生产率 $\varphi_0 < \varphi < \varphi'$ 时,企业选择水平型 FDI 进入国际市场;当企业生产率 $\varphi' < \varphi < \varphi''$ 时,企业选择垂直型 FDI 进入国际市场;当企业生产率 $\varphi < \varphi''$ 时,企业选择混合型 FDI 进入国

际市场。这些结论与早川和坦纳克（K.Hayakawa 和 K.Tanaka，2011）一致。

当贸易成本 τ 较大且 $f_N > f_S$ 时，$S^H < S^P < S^C$，三种投资模式利润函数如图4-6所示。当企业生产率 $\varphi < \varphi'$ 时，企业选择退出市场；当企业生产率 $\varphi' < \varphi < \varphi''$ 时，企业选择垂直型 FDI 进入国际市场；当企业生产率 $\varphi'' < \varphi$ 时，企业选择水平型 FDI 进入国际市场。

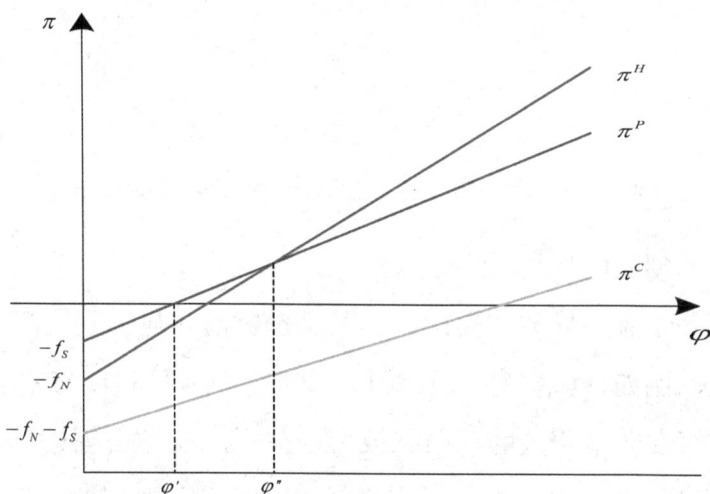

图4-6　贸易成本较大且固定成本较大时企业国际化模式选择

当贸易成本 τ 较大且 $f_N < f_S$ 时，$S^C > S^P > S^H$，三种投资模式利润函数如图4-7所示。当企业生产率 $\varphi < \varphi'$ 时，企业选择退出市场；当企业生产率 $\varphi > \varphi'$ 时，企业选择水平型 FDI 进入国际市场。

当贸易成本 τ 处于中间程度时，不管 $S^C > S^P > S^H$，还是 $S^H > S^P > S^C$，不管 $f_N > f_S$，还是 $f_N < f_S$，企业最优国际化模式是当企业生产率 $\varphi < \varphi'$ 时，企业选择退出市场；当企业生产率 $\varphi > \varphi'$ 时，企业选择水平型 FDI 进入国际市场。

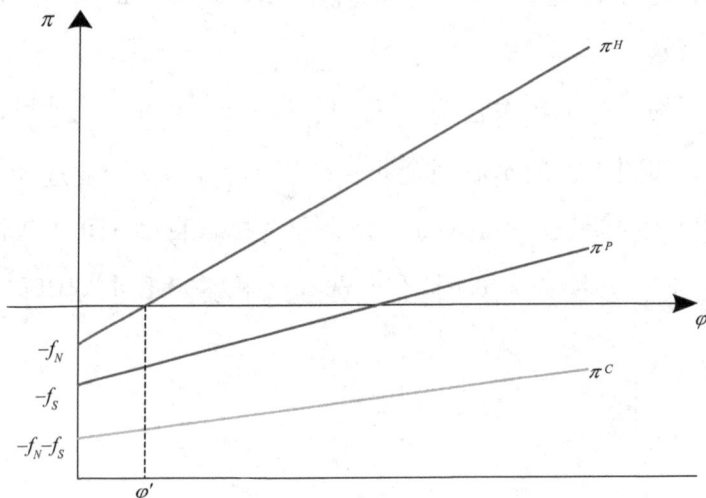

图 4-7　贸易成本较大且固定成本较小时企业国际化模式选择

五、创新的作用

部分学者在异质性假设下研究了投资模式与企业生产率之间的关系。例如,赫兹(Herzer,2012)发现,外向型 FDI 与企业生产率之间存在非常明显的双向积极变动关系。马奇塔等(Marjit 等,2011)发现,吸引 FDI 的企业其生产率高于无 FDI 的企业。许等(Xu 等,2012)发现,在区域层面,FDI 对企业生产率呈现出显著的正向外溢效应,FDI 的地理分布影响溢出效应。科吉(Koji,2011)发现,企业生产率与 FDI 之间存在显著的正向相关关系。但是,在异质性假设下很少有学者研究创新、企业生产率与投资模式选择三者之间的关系。

为了简便,仅以贸易成本 τ 处于中间程度为例,讨论创新在出口平台型 FDI 选择过程中是否发挥了作用。由以上分析可知:

$$\varphi^{'} = \frac{f_S^{\frac{1}{\sigma-1}} \sigma^{\frac{\sigma}{1-\sigma}}}{A^{\frac{1}{1-\sigma}}(p_{kS} + p_{uS}) \tau_{SN}(1 - \sigma)} \xi^{-\theta} \tag{4-25}$$

用 φ' 对 θ 求导，由于 $0 < \xi < 1$，$\theta > 1$，$\sigma > 1$，所以：

$$\frac{\partial \varphi'}{\partial \theta} = -\frac{\xi^{-\theta}\ln\xi}{1-\sigma}\frac{f_S^{\frac{1}{\sigma-1}}\sigma^{\frac{\sigma}{1-\sigma}}}{A^{\frac{1}{1-\sigma}}(p_{kS}+p_{uS})\tau_{SN}} < 0 \qquad (4-26)$$

式(4-26)表明，当贸易成本 τ 处于中间程度时，生产率阈值 φ' 与创新因子 θ 之间存在反向关系，即企业开展创新活动获得绩效越高，创新因子 θ 越大，生产率阈值 φ' 越小，企业越有可能选择水平型 FDI 进入国际市场，获取最高的利润。因此，创新对企业选择投资模式具有重要的促进作用。

本章将创新纳入新新贸易理论模型中，同时考虑了跨国公司与当地公司联合经营的情形，认为跨国公司获得的利润比例分为较高、中等和较低三种类型，可以相应得到出口模式、全部控股模式和联合经营模式的利润函数，在此基础上，研究创新、企业生产率与投资模式选择之间的关系，同时考虑了出口平台型 FDI 模式，认为企业开展创新活动获得绩效越高，创新因子越大，生产率阈值越小，企业越有可能选择水平型 FDI 进入国际市场，获取最高的利润。由此可见，创新对企业选择投资模式具有重要的促进作用。

第五章　创新、企业生产率与国际化
模式选择实证分析

本章在企业异质性视角下,以出口模式为例,实证分析创新、企业生产率与国际化模式选择,具体细分为三部分,分别是:一是在企业异质性视角下对创新、企业生产率影响出口模式选择进行实证分析;二是对创新、出口模式选择影响企业生产率进行实证分析;三是对企业生产率、出口模式选择影响创新进行实证分析。

第一节　创新、企业生产率影响出口
模式选择实证分析

一、理论背景和现实状况

在理论层面,经济全球化和贸易自由化的不断深入促进了生产要素的全球优化配置和价值链条的世界战略布局,潜移默化地改变着当今世界的政治经济版图。在国外,梅利兹(Melitz,2003)首次将企业生产率差异内生到垄断竞争模型中,将贸易理论研究对象扩展到企业层面,说明贸易如何提高行业生产率水平和社会福利。伯纳德等(Bernard 等,2003)采用伯川德竞争和非垄断的市场结构的假定条件下,探讨了企业生产率与出口之间的关系。赫尔普曼、梅利兹和耶普尔(Helpman、Melitz 和 Yeaple,2004)拓展了梅利兹(Melitz,2003)模型,考虑异质性企业以出口还是 FDI 模式进行国际化。梅利兹和奥塔维亚诺(Melitz 和 Ottaviano,2005)研究了市场规模、生产率与贸易的关系。赫尔普曼、梅利兹和鲁宾斯坦(Helpman、Melitz 和 Rubinstein,2006)研究了企业异质性、贸易合作者与贸易容量之间的关系。伯纳德等(Bernard 等,2007)考虑企业异质性,在一般均衡框架下检验国家、产业和企业特质如何影响贸易自由化对消费者的反应。伯纳德等(Bernard 等,2010)检验了贸易中介在异质性企业选择出口模式中的不同作用。梅耶、梅利兹和奥塔维亚诺(Mayer、Melitz 和 Ottaviano,2010)考虑了企业异质性,研究市场规模、市场竞争与出口产品结构的关系。博斯丁和梅利兹(Burstein 和 Melitz,2011)研究了贸易自由化与异质性企业动态变换之间的关系。前沿研究集中于分析和检验创新、企业生产率与出口模式选择三者之间的关系(Keiko,2012;Karasek,2012),创新、企业生产率与投资模式选择三者之间的关系(He 和 Maskus,2012),企业生产率、出口模式与投资模式选择三者之间的关系(Engel 和 Procher,2012),贸易自由化、中介组织、异质性企业动力系统与国际模式选择之间的关系(Melitz 和 Polanec,2012)等。

新中国成立 70 年来,特别是改革开放 40 多年来,我国对外贸易规模从小到大稳步增加,质量由低到高逐渐增强,领域由商品到服务不断拓展,实现了从封闭半封闭到全方位、多层次、宽领域的伟大历史转折。不过,由于全球经济危机扑朔迷离、国际贸易壁垒层出不穷、产品技术含量参差不齐等原因,我国对外贸易仍然呈现出波动性较大、技术水平较低和贸易增长乏力等特征。我国企业如何选择适宜的国际化模式，如何在更大规模、更广范围、更高层次上成功走出国门、走向世界，主导国际市场定价权和国际标准制定权，是一个值得深思的现实问题，也是一个我国政府非常关心的战略性问题。

在异质性假设下，本书在詹妮弗·亚博-柯赫(Jennifer Abel-Koch,2011)的基础上，研究了创新、企业规模与出口模式选择之间的关系。创新点有以下几个方面：一是将创新纳入异质性企业贸易理论框架内；二是尝试用企业规模表征企业生产率；三是研究了创新、企业规模与直接贸易比例之间的关系。

二、模型构建及提出假设

詹妮弗·亚博-柯赫(Jennifer Abel-Koch,2011)假设有两个对称的国家，每个国家均有 L 个消费者，每个企业生产每一种类的单位产品需要 a_i 单位劳动力，除了可变生产成本，企业还支付 f 单位的劳动力成本，用于构建分销网络、与消费者保持联系和达到特定的产品标准。如果企业选择出口模式进入国际市场，那么存在两种选择，即直接模式和间接模式。假定企业无论选择直接模式还是间接模式都需要支付一定的冰山成本，即 τ 单位的产品仅有一单位产品达到目的地，分别为 τ_D、τ_I。阿恩等(Ahn 等,2011)认为，由于中间商有更强的沟通协同能力、讨价还价能力和更熟悉国外市场制度法则等，因此，在一定程度上，通过间接出口的企业必须支付更高的可变成本才能实现更高的利润。费伯迈尔和荣格(Felbermayr 和 Jung,2011)认为，由于中间商与出口商之间的合同执行力较弱，同时，还存在"敲竹杠"的可能，导致出口商通过间接模式获取的收益较低。因此，$1 < \tau_D < \tau_I$。中间商通过构建和维

护分销网络从而降低出口商的固定成本（Jan G. Jorgensen 和 Philipp J. H. Schröder，2005）。费伯迈尔和荣格（Felbermayr 和 Jung，2011）认为，中间商熟悉国际市场规则，可以利用密集销售网络促使出口商较便捷地进入国际市场。所以，$f < f_I < f_D$。在垄断竞争市场下，所有企业生产产品均符合规模报酬递增。詹妮弗·亚博-柯赫（Jennifer Abel-Koch，2011）提出，企业规模（企业劳动力数量）可以表示为：

$$l_i = \begin{cases} \Lambda\rho(1-\rho)\varphi_i + f & if \quad \varphi^H \leq \varphi < \varphi^I \\ \Lambda\rho(1-\rho)(1+\tau_I^{-\rho})\varphi_i + f + f_I & if \quad \varphi^I \leq \varphi < \varphi^D \\ \Lambda\rho(1-\rho)(1+\tau_D^{-\rho})\varphi_i + f + f_D & if \quad \varphi^D \leq \varphi \end{cases} \quad (5-1)$$

$$其中，\varphi^I = \frac{\tau_I^{\rho}f}{\Lambda(1-\rho)}，\varphi^D = \frac{(f_D - f_I)}{\Lambda(1-\rho)(\tau_D^{-\rho} - \tau_I^{-\rho})} \quad (5-2)$$

式（5-1）表示，在满足固定贸易成本和可变贸易成本的假定下，企业规模 l 是企业生产率 φ 的严格单调递增函数。因此，可以利用企业规模来替代企业生产率。

当企业生产率低于 φ^H 时，企业不得不退出市场（Helpman，Melitz 和 Yeaple，2004）；当企业生产率大于 φ^H 小于 φ^I 时，企业只能服务国内市场；当企业生产率大于 φ^I 小于 φ^D 时，企业只能选择间接模式进入国际市场；当企业生产率大于 φ^D 时，企业选择直接模式进入国际市场。在这个过程中，随着企业生产率不断增加，选择间接出口模式进入国际市场的贸易额在出口贸易总额中所占的比例越来越小。因此，可以提出以下假定：

假定 1：企业生产率与直接出口在出口贸易总额的比重之间存在正向关系。

创新能够降低企业成本,提高企业生产率,增加企业选择直接出口模式进入国际市场的可能性。通过创新,企业生产率不断提高,之前退出市场的企业($\varphi < \varphi^H$)进入市场,可以将产品在国内销售,之前仅国内生产和销售的企业($\varphi^H < \varphi < \varphi^I$)逐步选择间接模式进入国际市场,之前选择间接模式服务国外消费者的企业($\varphi^I < \varphi < \varphi^D$)可以选择直接模式进入国际市场,实现较高水平的收益,之前选择直接模式的企业($\varphi^D < \varphi$)由于进行创新活动从而可以实现更高的收益。其中,根据詹妮弗·亚博-柯赫(Jennifer Abel-Koch,2011),φ^H、φ^I、φ^D 表达式可以表示为:

$$\varphi^H = \frac{f}{\Lambda(1-\rho)}\varphi$$

$$\varphi^I = \frac{\tau_I^{\frac{(1-\rho)}{\rho}} f_I}{\Lambda(1-\rho)} \tag{5-3}$$

$$\varphi^D = \frac{f_D - f_I}{\Lambda(1-\rho)\left(\tau_D^{\frac{\rho-1}{\rho}} - \tau_I^{\frac{\rho-1}{\rho}}\right)}$$

假定2:创新与直接出口在出口贸易总额的比重之间存在正向关系。

不少学者在异质性假设下对创新与企业生产率之间的关系进行了研究。产品创新,而不是过程创新,增加了企业出口的可能性(Becker 和 Egger,2007)。创新,特别是产品创新,增加了企业出口的可能性,而且中小非出口型企业的可能性最大(Cassiman 和 Martinez-Ros,2010)。创新(包括产业创新和过程创新)和生产率增加了非出口型企业成为出口型企业的可能性(Van Beveren 和 Vandenbussche,2010)。积极进行创新活动的企业拥有一个较高的生产率,更有可能成为出口商。同时,出口企业能够从国际市场学习生产经验和积累必要知识,可以进一步推进企业开展创新活动,形成一个良性循环(Viroj 和 Mohammad,2012)。出口企业更有可能进行及时升级(Davies 和 Batrakova,2012;Cui 等,2012;Hanley 和 Monreal-Pérez,2012)。

三、数据来源及指标筛选

(一)数据来源

数据来源是经济研究的重要组成部分,其科学性、准确性和便捷性等直接决定着经济研究的效果。伴随着国际贸易视角转向企业层面和国内外微观数据库逐渐开放,世界各国经济学者越来越倾向于从微观层面思考、分析和解决现实问题。其中,不少国内外的学者在研究中使用了《中国工业企业数据库》(*Chinese Industrial Enterprises Database*),成果发表在包括 *American Economic Review*、*Quarterly Journal of Economics* 和《经济研究》等国内外权威学术期刊上,在一定程度上推进了相关学科和研究方向的深入发展。不过,它自身存在的缺陷还是非常明显的。聂辉华等(2012)认为,《中国工业企业数据库》存在样本匹配、指标缺失、指标异常、测度误差、样本选择、变量定义等问题。如果忽视这些问题,经济研究的结果可能不稳健,甚至可能是错误的。尽管提出了一些解决这些问题的方法与建议,不过,至今仍有一些问题没有从根本上得到解决,比如在 2001—2007 年(不含普查年份 2004 年),在总共 140 多万个观测值中,研发费为 0 的观测值有 120 多万个,占总数的 89%。无法区分是因为企业不清楚具体情况而任意地报告 0 还是企业没填写此项,统计人员直接赋值 0,所以,如何利用《中国工业企业数据库》分析企业创新驱动或研发绩效是一个似乎无法解决的问题。另外,《中国工业企业数据库》中只包括国内生产的企业和选择出口模式进入国际市场的企业,没有进一步细分为间接出口和直接出口,所以利用《中国工业企业数据库》证明两个假设就是不可能完成的任务,选择另外一个时间跨度大、指标数量多、数据精度高、统计误差小的有广泛代表性的权威微观企业数据库是一个明智的选择。

《世界银行企业调查数据库》(*World Bank's Enterprise Surveys Database*)是世界银行自 2002 年开始在 135 个国家通过对 130000 个企业的高层管理者、企业所有者、企业总会计师、人力资源管理师等采用面对面提问(Face-Face Interview)的形式获取到的第一手资料,涉及广泛的商业环境和企业发展内容。自 2005 年开始,大多数收集到的数据集中到企业数据分析机构,进行统一的整理、分析和检测。与《中国工业企业数据库》相比,《世界银行企业调查数据库》体现出以下特点:一是数据更加精确。《世界银行企业调查数据库》将调查问卷细分为工业企业和服务业企业两种类型。尽管部分问题有重叠的可能,但是大部分调查问卷更加贴近访问对象的实际。例如,调查问卷中没有提问零售业企业的产量和非生产工人的数量。二是指标更加合理。《世界银行企业调查数据库》设计的标准企业调查问卷的主题包括企业特征、高层性别、进入金融领域的难易程度、每年销售额、投入成本、劳动力组成、受贿行贿、审批许可证、基础设施、犯罪状况、市场竞争程度、设备利用率、土地出让许可、税收、企业与政府联系程度、创新活动与技术、企业绩效与举措等。三是方法更加科学。《世界银行企业调查数据库》采取分层随机抽样的方法。在一个分层随机样本中,所有企业首先被分成几个相同的组别,然后在每个组内进行简单随机抽样。这种方法充分考虑到分层估计,相对于整体估计来说,具有较高的精确度。因此,运用《世界银行企业调查数据库》来证明以上两个假定。

(二)数据描述

詹妮弗·亚博-柯赫(Jennifer Abel-Koch,2011)利用《商业环境与企业绩效调查数据库》提供的 2008 年土耳其 704 个企业数据较早地在异质性假设下研究了企业规模与出口模式选择之间的关系,构思巧妙,视角独到,令人侧目。同时,文中存在以下不足:一方面,仅选择土耳其 2008 年的数据为样本进行研究,缺乏代表性和说服力;另一方面,仅陈述了企业规模和出口模式选择之间具有某种关系的事实,并未探究生产率变化的诱因,缺乏实用性和解释力。运用《世界银行企业调查数据库》来进行实证分析,具体选择 27 个国家,所在行业、行业名称和代码见表 5-1。

表 5-1　所在行业、行业名称和代码

行业	行业名称	代码	行业	行业名称	代码
制造业	食品业	15	制造业	电子工业	31 或 32
	纺织业	17		其他制造业	2
	服装业	18	服务业	零售业	52
	化学制品业	24	其他	批发销售业	51
	塑料及橡胶加工业	25		信息技术业	72
	非金属矿物加工业	26		住宿与餐饮业	55
	碱性金属加工业	27		汽车服务业	50
	焊接金属加工业	28		建筑业	45
	机械设备加工	29		交通业	60

资料来源:Enterprise Surveys of the World Bank(2009),见 http://www.enterprisesurveys.org。下同。

（三）指标筛选

企业生产率与直接出口在出口贸易总额的比重之间存在正向关系，因此，直接出口在出口贸易总额的比重是一个非常重要的变量。詹妮弗·亚博-柯赫（Jennifer Abel-Koch，2011）利用间接出口在出口贸易总额的比重来验证企业规模与间接出口比例之间的关系。借鉴这种做法并进行适当改进，具体如下：如果用 $Ratio$ 代表直接出口在出口贸易中的比例，$expo^D$ 代表直接出口贸易量，$expo^I$ 代表间接出口贸易量，那么，直接出口在出口贸易中的比例可以表示为：

$$Ratio = \frac{expo^D}{expo^I + expo^D} = \begin{cases} 0, \varphi^I < \varphi_i < \varphi^D \\ 1, \varphi^D < \varphi_i \end{cases} \qquad (5-4)$$

企业生产率（PROD）是异质性企业贸易理论的重要概念。近些年，围绕企业生产率的测度，国内外学者展开了激烈的讨论（Rodrigo Fuentes 和 Marco Morales，2007；Jaroslav Sixta、Kristna Vltavská 和 Jaroslav Zbranek，2011），至今仍没有形成定论（Hoang、Viet-Ngu、Coelli 和 Tim，2011；Sarbapriya、Ray、Mihir 和 Kumar Pal，2011；Mohamed Chaffai 和 Patrick Plane，2011）。如何衡量企业生产率成为学界非常关注的问题。相对于国内学者利用最小二乘法、固定效应方法、OP 法和 LP 法等参数半参数方法核算企业生产率，国外学者发现企业生产率或者企业规模与出口目的地的数量之间存在正向关系（Eaton 等，2008；Bernard 等，2009），并开始尝试用企业规模表征企业生产率，已经取得了不错的结果。例如，波纳柯瑞斯（Bonaccorsi，1992）认为，规模大的企业具有较强的承担出口风险的能力,因此,具有更高的出口可能性。阿尔克和蒙尼乔夫(Ark 和 Monnikhof,1996)利用法国、德国、日本、美国和英国的数据来验证两者之间的关系,结果发现,两者之间存在非常显著的关系。鲍尔温等(Baldwin 等,2002)和莱翁等(Leung 等,2008)发现加拿大的企业规模与生产率之间关系较为紧密。加比达斯(Gabbitas,2003)认为,企业如果具有规模优势就可以利用规模经济降低产品生产成本,提高企业生产率和边际收益,增强企业竞争力,从而提高企业出口密集度。比泽布鲁克(Biesebroeck,2005)检验了非洲国家的企业规模与生产率之间的关系。詹妮弗·亚博-柯赫(Jennifer Abel-Koch,2011)发现企业规模与间接出口贸易比例之间存在负向关系。遵循这种做法,用企业规模表示企业生产率。为了准确验证两个假定,根据瓦格纳(Wagner,2001)、伯纳德和詹森(Bernard 和 Jensen,2004)、弗莱格斯(Fryges,2007)的建议,引入了其他变量。这些变量的衡量方法、符号预期和统计性描述见表5-2和表5-3。

表5-2 各变量的统计方法及符号预期

变量名	统计方法	符号预期
SIZE	企业规模	+
AGE	企业年龄＝当年年份-开业年份	+
AGE^2	企业年龄^2＝(当年年份-开业年份)^2	-
SUBS	政府补贴	+
HIGH	企业高管工作年限	+
EDUC	公司拥有大学学历的职工比例	+
CONNT	法院对公司正常运转的影响程度	+
PINN	过去三年是否进行产品创新	+
AFFI	是否是分公司	+

表5-3 各变量的统计性情况说明

变量	平均值	标准差	最大值	最小值	观察值个数
RATIO	0.030	0.159	1	0	
SIZE	971102813.300	22731.300	97400000000	10000	
AGE	19.740	14.407	186	5	
AGE^2	597.030	1455.073	34596	25	
SUBS	0.090	0.285	1	0	3530
HIGH	16.080	10.229	65	1	
EDUC	25.397	22.730	100	1	
CONNT	0.600	0.490	1	0	
PINN	0.730	0.825	1	0	
AFFI	0.100	0.294	1	0	

四、构建模型与回归结果分析

(一)构建模型

构建以下模型,用于验证前文提出的两个假定:

$$E[Ratio_i = 1 | Z_i] = \Phi[\alpha_0 + \alpha_1 \ln Size_i + \alpha_2 X_i + \varepsilon_i] \qquad (5-5)$$

式(5-5)中,$Ratio$代表直接出口在出口贸易中的比例,X_i代表控制变量,ε_i代表随机误差项。几乎所有的回归结果包括国家和产业两个哑变量。

(二)回归结果分析

表5-4列出了依次增加异质性特征变量的计量回归结果。由表5-4的回归结果可以得到:

表5-4 **Probit**计量回归分析结果

Varies	(1)	(2)	(3)	(4)
Ln(SIZE)	0.0413* (0.0839)	0.0417* (0.0823)		0.0419* (0.0812)
AGE	—	—	0.0113* (0.0594)	0.0121* (0.0503)
AGE^2	—	—	−0.0002* (0.0501)	−0.0001** (0.0423)
SUBS	—	—	0.0527* (0.0817)	0.0531* (0.0831)
HIGH	—	—	0.0122* (0.0664)	0.0110* (0.0612)
EDUC	—	—	0.0007* (0.0813)	0.0013* (0.0735)
COURT	—	—	0.0899*** (0.0031)	0.0972*** (0.0014)
CONNT	—	—	0.1398*** (0.0020)	0.1205*** (0.0010)
PINN	—	—	0.004** (0.0430)	0.0020** (0.0300)
AFFI	—	—	0.2941* (0.0967)	0.1806* (0.0982)
Industry Dummies	No	Yes	Yes	Yes
Country Dummies	Yes	Yes	Yes	Yes
N	3530	3530	3530	3530
McFadden R^2	0.1353	0.1354	0.1505	0.1563
Schwarz Criterion	0.1065	0.1140	0.1306	0.1322

注:括号内为 p 值,***、**和*分别表示参数的估计值在1%、5%和10%的水平上显著。

在依次纳入拓展的异质性特征变量之后,无论是否控制产业哑变量,企业生产率始终在10%的水平上显著为正,即该变量对直接出口贸易比例具有稳健的正向影响,这个结论证明了假定1(企业生产率与直接出口在出口贸易总额的比重之间存在正向关系)是正确的,也验证了詹妮弗·亚博-柯赫(Jennifer Abel-Koch,

2011)的合理性,同时,这说明了梅利兹(Melitz,2003)的"自我选择"假说的正确性,也与伯纳德和詹森(Bernard 和 Jensen,1999、2004)的结论类似。可以结合企业规模指标的计算以及企业出口模式选择的总体特征予以诠释。用销售额来代表企业规模,企业销售额越多说明企业规模越大,企业生产率水平越高。戴维斯和杰普逊(R.B.Davies 和 T.Jeppesen,2012)认为,生产率最低的企业只能退出国内市场;生产率较低的企业只能服务国内市场,而不能通过出口模式进入国际市场;生产率处于中间水平的企业选择间接出口模式进入国际市场,获得了较高的利润;直接出口企业的生产率水平高于间接出口企业和不参与出口活动的企业,生产率最高的企业选择直接出口模式进入国际市场,获取最高的利润。因此,随着企业生产率的不断提高,企业由退出市场逐渐开始进入国内市场,接着开始尝试由间接出口模式转向直接出口模式进入国际市场。当企业最初没有选择直接出口模式进入国际市场时,直接出口贸易比例为零;当选择直接出口模式进入国际市场后,直接出口贸易比例逐步增加,当企业生产率突破阈值后,企业完全选择直接出口模式,此时,直接出口贸易比例为 1。

由产品创新和过程创新变量的估计参数的显著性可知,创新能够显著影响直接出口贸易比例,这与布斯托斯(Bustos,2011)、卡尔德拉(A. Caldera,2009)、图尔克和马焦尼(A. Turco 和 D.Maggioni,2013)等的结论一致,假定 2(创新与直接出口在出口贸易总额的比重之间存在正向关系)得到了验证。不少学者充分肯定创新在企业国际化模式选择过程中的重要性。图尔克和马焦尼(A.Turco 和 D.Maggioni,2013)开创性地研究了过程创新和产品创新对异质性企业出口模式选择的影响,认为过程创新降低了企业边际生产成本,而产品创新则提供了更高的优良品种。同时,出口企业能够从国际市场学习生产经验和积累必要知识,可以进一步推进企业开展创新活动,形成一个良性循环。但是,这些成果仅仅说明了创新活动的重要性,并未将其与直接出口贸易比例联系起来。在这个方面进行了拓展,具有一定的理论价值。

关于拓展的异质性特征变量,回归结果表明,企业年龄对直接出口贸易比例的影响存在显著的二次型关系,年龄较大的"老"企业和年龄较小的"新"企业均具有较低的直接出口贸易比例,年龄适中的"年轻"企业具有较高的直接出口贸易比例,说明企业年龄在企业出口贸易中发挥着重要作用,与学界不少成果保持一致(Bilkey 和 Tesar,1977;Bilkey,1978)。政府补贴对企业直接出口贸易比例存在显著的正向影响,计量结果也具有相当的稳健性,与阿丰苏、奥斯卡和席尔瓦(Afonso、Oscar 和 Silva,2012),阿曼多(Armando,2012)的结论类似。阿丰苏、奥斯卡、席尔瓦和阿曼多(Afonso、Oscar、Silva 和 Armando,2012)认为,尽管没有发现政府补贴对国内企业向新出口商的转换产生任何影响,但是政府补贴产生了出口商的工资溢价(Wage Premium),增加了出口部门的相对规模。企业高管工作年限、公司拥有大学学历的职工比例对企业直接出口贸易比例影响显著为正,这进一步印证了人力资本投资在企业国际化发展过程中的重要作用。发现法院对公司正常运转的影响程度对企业直接出口贸易比例显著为正,说明科学先进的规章制度和规范合理的市场化运作积极影响着企业国际化模式选择。菲尔博梅伊和荣格(Felbermayr 和 Jung,2009)的研究结论与我们不同。他们认为,随着国际合同执行力的不断提高,借助于贸易中介所产生的"敲竹杠"问题逐渐减少,影响程度越来越弱,相对于直接出口模式来说,间接出口模式更加受企业欢迎。我们认为,间接出口模式是企业从国内市场走向国际市场的中间环节,随着国际化程度的不断提高和市场规模的不断扩大,完善的法律规则体系、规范的国际市场运作、有效的奖惩保障制度以及较高的国际投资收益等促使企业逐步由间接出口模式转向直接出口模式。所以,菲尔博梅伊和荣格(Felbermayr 和 Jung,2009)仅从静态视角考虑国际合同执行力与间接出口模式选择之间的关系,缺乏动态分析。从动态视角改进与完善这个问题,具有一定的创新性。另外,在纳入企业是分公司变量之后,企业生产率始终在10%的水平上显著为正,即该变量对企业直接出口贸易比例具有稳健的正向影响。

(三)稳健性检验

采用 Logit 模型对前述计量结果进行了进一步的稳健性检验。Logit 模型是一种离散选择法模型,属于多重变量分析范畴。谢里夫、扎哈瑞姆和索皮安(A.A.Shariff、A.Zaharim 和 K.Sopian,2009)比较了 Probit 模型和 Logit 模型在回归分析过程中的异同。他们认为,如果常态优势不确定时,Logit 计量回归分析可能更加稳健。Logit 计量回归分析结果如表 5-5 所示。结果显示,企业规模对直接出口贸易比例具有稳健的正向影响,产品创新和过程创新能够显著影响直接出口贸易比例,同时,企业年龄对直接出口贸易比例的影响存在显著的二次型关系,政府补贴对企业直接出口贸易比例存在显著的正向影响,企业高管工作年限、公司拥有大学学历的职工比例对企业直接出口贸易比例影响显著为正等等,与 Probit 计量回归分析结果相似,说明得到的结论是稳健的、可靠的。

表 5-5　**Logit** 计量回归分析结果

Varies	（1）	（2）	（3）	（4）
Ln（SIZE）	0.1146 ** (0.0493)	0.1141 * (0.0504)	—	0.0952 * (0.0806)
AGE	—	—	0.0129 * (0.0514)	0.0136 * (0.0612)
AGE^2	—	—	−0.0003 ** (0.0442)	−0.0002 ** (0.0421)
SUBS	—	—	0.0604 * (0.0730)	0.0524 * (0.0841)
HIGH	—	—	0.02405 * (0.0586)	0.0230 * (0.0705)
EDUC	—	—	0.0009 * (0.0731)	0.0011 * (0.0604)
COURT	—	—	0.0904 *** (0.0025)	0.0857 *** (0.0013)
CONNT	—	—	0.1405 *** (0.0012)	0.1306 *** (0.0008)
PINN	—	—	0.0130 ** (0.0304)	0.0031 ** (0.0260)
AFFI	—	—	0.3071 * (0.0836)	0.1941 * (0.0978)
Industry Dummies	No	Yes	Yes	Yes
Country Dummies	Yes	Yes	Yes	Yes
N	3530	3530	3530	3530
McFadden R^2	0.1603	0.1603	0.1613	0.1813
Schwarz Criterion	0.1087	0.1110	0.1521	0.1292

注:括号内为 p 值,***、** 和 * 分别表示参数的估计值在 1%、5% 和 10% 的水平上显著。

五、研究结论

相对于国内学者利用最小二乘法、固定效应方法、OP 法和 LP 法等参数半参数方法核算企业生产率,借鉴国外学者的做法,用企业规模表征企业生产率,在此基础上,改进了詹妮弗·亚博-柯赫(Jennifer Abel-Koch,2011),提出了企业生产率与直接出口在出口贸易总额的比重之间存在正向关系和创新与直接出口在出口贸易总额的比重之间存在正向关系两个假设,得到了《世界银行企业调查数据库》提供的微观企业数据的支持。另外,我们发现,企业年龄对直接出口贸易比例的影响存在显著的二次型关系,年龄较大的"老"企业和年龄较小的"新"企业均具有较低的直接出口贸易比例,年龄适中的"年轻"企业具有较高的直接出口贸易比例;政府补贴对企业直接出口贸易比例存在显著的正向影响;企业高管工作年限、公司拥有大学学历的职工比例对企业直接出口贸易比例影响显著为正;科学先进的规章制度和规范合理的市场化运作积极影响着企业国际化模式选择等等。

第二节　创新、出口模式选择影响企业生产率实证分析

一、数据来源

运用《世界银行企业调查数据库》来进行实证分析,具体选择27个国家,所在行业、行业名称和代码等见表5-1。

二、数据描述

依据《世界银行企业调查数据库》,各种类型企业的具体数据描述如表5-6所示。

表5-6　不同出口状况与企业规模

出口状况	微企业	小企业	中等企业	较大企业	总计
不出口	54	1170	1305	882	3411
仅间接出口	0	4	8	15	27
间接出口与直接出口并存	0	5	2	5	12
仅直接出口	1	19	31	41	92
企业数量总计	55	1198	1346	943	3542

三、指标筛选

企业生产率是异质性企业贸易理论的重要概念。根据霍尔和詹森（Hall 和 Jones，1999）、黑德和里斯（Head 和 Ries，2003），选用近似全要素生产率（Approximately Total Factor Productivity，ATFP）来测算企业生产率。假设生产函数为：

$$Y = AK^a L^{1-a} \tag{5-6}$$

式（5-6）两边进行取自然对数得到：

$$ATFP = \ln a = \ln \frac{Y}{L} - a \ln \frac{K}{L} \tag{5-7}$$

式（5-7）中，Y代表销售额，K代表资本，L代表劳动力。接受萨廖拉和塞克（F.Saliola 和 M.Seker，2011）的建议，在《世界银行企业调查数据库》中，用机械装置、交通工具、装备设备的总和来代表资本投入，用工人劳动的补偿之和包括工资、奖金和红利来代表劳动力投入。对于a的取值，霍尔和琼斯（Hall 和 Jones，1999）建议采用$a = 1/3$来计算，采纳这一建议。赵伟等（2011）认为，年龄对出口决定的影响存在显著的二次型关系，较有经验的"老"企业以及较年轻的"新"企业均具有较高的出口倾向，而处于中间的企业则具有较低的出口倾向。因此,将年龄以及年龄的平方作为自变量引入模型,分析其对企业出口决定的影响。梅利兹(Melitz,2003),耶普尔、赫尔普曼和梅利兹(Yeaple、Helpman 和 Melitz,2004),安特拉和赫尔普曼(Antras 和 Helpman,2007),梅利兹和雷丁(Melitz 和 Redding,2013)认为,出口企业的生产率高于未出口的企业。将出口状况作为一个哑变量,来检验是否存在"生产率悖论"。伯纳德和詹森(Bernard 和 Jensen,2004)、詹妮弗·亚博-柯赫(Jennifer Abel-Koch,2010)认为,企业规模与企业是否参与出口的概率之间存在显著的正向影响,即规模较小的企业无法补偿在国外市场建立分销网络的高额固定成本,从而只服务国内市场,而规模较大的企业则可以选择适当的模式进入国际市场。所以,企业规模也是解释企业生产率的重要因素。罗伯托和朱利奥(Roberto 和 Giulio,2010)发现,国际化程度较高的企业具有更加强烈的创新偏好,雇用比例更大的知识密集型工人和更加先进的组织和管理理念。戴觅、余淼杰(2011)认为,企业出口之前的研发投入增加了企业的吸收能力,提高了出口的生产率效应。因此,引入创新因素。另外,是否存在政府补贴、企业高管工作年限、企业是否是分公司等均作为自变量被引入模型。各变量的衡量方法与统计性描述具体如表5-7和表5-8所示。

表5-7　各变量的衡量方法及可能的符号

变量名	衡量方法	符号预期
PROD	AFTP＝LTFP－KLR	－
AGE	企业年龄＝(当年年份－开业年份)	－
AGE^2	企业年龄^2＝(当年年份－开业年份)^2	＋
EXP	出口状态(出口交货值大于0时＝1,否则＝0)	＋

续表

变量名	衡量方法	符号预期
SUBS	政府补贴	+
HIGH	企业高管工作年限	+
AFFI	是否是分公司	+/-
LABO	劳动力成本	-
SIZE	企业规模	+/-
PINN	过去三年是否进行产品创新	-

表 5-8　不同变量的统计性描述情况

变量	平均值	最大值	最小值	观察值个数
PROD	2.5498	11.7047	0.0091	
AGE	19.7225	186	5	
AGE^2	595.8552	34596	25	
EXP	0.0370	1	0	
SUBS	0.4904	1	0	
HIGH	16.0844	65	1	3542
AFFI	0.0960	1	0	
LABO	85838	4760800	12	
SIZE	971499217	11736218555	10000	
PINN	0.6022	1	0	

四、实证结果分析

(一)总体样本的分析结果

首先运用总体样本实证检验创新、出口模式选择影响企业生产率,具体结果如附录 1 所示。通过对总体样本的检验可以看到以下几点。

创新显著提高了企业的生产率,该结论与博纳瑞和阿木(Banri 和 Ayumu, 2013)、杜茨、奥·康奈尔和斯蒂芬(Dutz、O'Connell 和 Stephen D., 2013)、摩恩和霍尔(Mohnen 和 Hall, 2013)的结论一致。企业生产率在一定程度上反映了单位员工所带来的附加值(赵伟等, 2011),一方面创新能够"把一种新的生产要素和生产条件的'新结合'引入生产体系,可以产生一类新产品、形成一种新方法、开辟一个新市场、获得一种新来源等",直接带来产品品种更加丰富、生产方法更加先进、市场规模不断扩大、原料供应更加稳定,因此,可以显著提高企业生产率水平;另一方面创新间接导致企业生产成本降低、工资水平提高、培训经费增加、竞争能力增强、市场声誉鹊起,导致越来越多具有国际化眼光的复合型人才不断加盟,企业人力资本不断充实,通过循环累积效应,可以显著地提高企业生产率水平。

企业年龄对企业生产率并不存在显著的二次型关系。这一结论出乎了意料,与已有成果并不一致。不过根据生命周期理论,企业在生命周期中每个阶段的竞争意识、发展策略、战略重点均不同。在发展、成长和成熟期,为了增强自身竞争力和扩大市场规模,企业会采取有创意的、革新的发展战略。此时,企业具有较强的竞争意识和良好的创新能力,生产率水平会不断提高,年龄对企业生产率的影响较为明显。在衰弱期,为了维持市场地位和保持持续经营,企业会选择保守的、稳健的发展战略。此时,企业的竞争意识和创新能力逐步减弱甚至保持在很低的水平上,企业生产率会不断下降,年龄对企业生产率的影响则不太明显。

出口对企业生产率具有稳健的正向影响,证明在总体样本中,出口企业不存在"生产率陷阱",与诺德、韦姆、格里斯、托马斯、比力克和娜塔莎(Naudé、Wim、Gries、Thomas、Bilkic 和 Natasa,2013)的研究成果一致。较早的新新贸易理论认为,企业生产率决定了企业出口行为。他们认为,企业投资于企业生产率或者从选择出口模式进入国际市场也可以促使企业生产率不断提高。

政府补贴显著地降低了企业生产率。这一点与预期不一致,不过确实有合理之处。作为从政府无偿取得的货币性资产或非货币性资产,政府补贴能否显著地提高企业生产率取决于是否能够增加单位员工所带来的附加值。如果政府补贴能够用于更换陈旧设备、引进先进技术、提高福利待遇、增加研发比例、提升企业形象等,那么其将显著地提高企业生产率;反之亦然。这一结果说明,样本中政府补贴的生产率效应不太明显,因此,政府补贴对企业生产率具有稳健的负面影响。

在纳入企业是分公司变量之后,企业生产率始终在 1% 的水平上显著为正,即该变量对企业生产率具有稳健的正向影响。

企业成本对企业生产率有阻碍作用,这一结论符合预期,与贝克尔斯(Bekkers,2011)的研究结论一致。贝克尔斯(Bekkers,2011)发现,降低出口沉没成本可以增加企业开始进行出口的概率,却降低了企业成功出口的概率。与此相对照,降低出口固定成本不仅增加了企业开始进行出口的概率,而且增加了企业成功出口的概率。因此,他们建议,企业可以选择降低出口固定成本的方法来提高企业生产率。我们的结论在很大程度上印证了贝克尔斯(Bekkers,2011)的正确性。

企业规模显著影响企业生产率,这一结论符合预期。

(二)稳健性检验:分行业的分析结果

通过对总体样本的实证分析,发现创新、企业生产率与出口模式选择之间存在紧密的关系。为了更好地检验它们之间是否具有相关性,进一步按照行业细分总体样本,进行稳健性检验,具体结果如附录2、附录3、附录4所示,其中附录2是以制造业为样本,附录3是以服务业为样本,附录4是以其他行业为样本。在以制造业为样本的回归结果中,看到无论是制造业、服务业还是其他行业,创新依然显著地影响企业生产率;企业年龄对制造业企业生产率具有正向的促进作用,对服务业企业生产率具有稳健的负面影响,与其他行业则不存在显著的关系;出口对制造业企业与其他行业企业的生产率具有稳健的正面影响;政府补贴能够显著提高制造业企业生产率水平,而降低了服务业企业生产率水平;企业是分公司变量能够促进服务业和其他行业企业生产率,但是否影响制造业企业生产率则不太清楚;企业成本能够提高制造业企业生产率,但是降低了服务业企业生产率。

五、研究结论

在异质性假设下,将创新因素纳入异质性企业贸易理论模型中,发现企业开展创新活动程度越高,进入国际市场能够获取利润所要求的生产率阈值就越小,越有可能超过阈值从而进入国际市场,企业进入国际市场的知识积累效应、循环因果效应和市场规模效应等,能够提高企业组织知识整合、创新资源优化和关系网络延展的能力,从而增加企业生产率水平。企业生产率不断提高,有利于企业扩展市场规模,降低生产成本,提高生产率,从而促进更多企业进入国际市场，进行国际化经营，全面提升企业国际竞争力。以上结论通过了稳健性检验。

这些结论具有重要的理论价值和实践意义。在理论层面，以伯纳德（Bernard，2003）、梅利兹（Melitz，2003）和安特拉（Antras，2003）为代表的新新贸易理论突破了新古典贸易理论和新贸易理论的产业层面，将研究聚焦于异质性企业，构建异质性企业理论模型，研究企业的贸易行为、投资选择与全球生产组织模式选择（Antràs 和 Helpman，2006；Antràs，2011；Mayer、Melitz 和 Ottaviano，2012；Melitz 和 Redding，2013）。但是，如何提高企业生产率鲜有涉及。创新是企业生产率的支撑点和动力源。企业不断进行创新活动，提高企业创新绩效，能够提升企业生产率水平，诱导企业从较低的国际化模式向较高模式跳跃，从而影响国际化模式的生产率效应，丰富企业国际化模式选择等结论，在一定程度上扩展了新新贸易理论的内涵，为中国企业进入国际市场提供了理论支撑。

第三节　企业生产率、出口模式选择影响创新实证分析

一、已有成果的不足

马西米利亚诺·布拉迪和朱利亚·菲利斯（Massimiliano Bratti 和 Giulia Felice，2012）利用意大利制造业企业数据检验企业选择出口模式对企业创新的影响，结果发现，企业出口可能引进新技术、新流程和新产品。奥伊弗·汉利和乔奎恩·蒙雷阿尔-佩雷斯（Aoife Hanley 和 Joaquín Monreal-Pérez，2011）同意这一观点，

并且指出企业出口的事实迫使企业不断开展创新活动,用于产生富有创造力的和有成本效益的、满足国外市场需求的、生产和销售产品的方法和技巧。金·赫·哈恩和昌-俊·帕克(Chin Hee Hahn 和 Chang-Gyun Park,2012)、阿特森和伯斯坦(Atkeson 和 Burstein,2010)、吉姆马里奥和利桑德罗(Giammario 和 Licandro,2010)持相同的观点。当然,还有一些成果对企业选择出口模式与创新之间的正相关性保持谨慎态度。以上成果大多在异质性假设下以意大利、韩国等国家为例研究企业生产率、出口模式选择与创新之间的关系,检验了企业选择出口模式是否促进企业创新,具有一定的启示意义。不过,除了少量文献(Mairesse 等,2012;Faqin Lin 和 Hsiao Chink Tang,2013)外,鲜有以《中国工业企业数据库》为样本进行研究。以世界银行提供的中国 120 个代表性城市 12400 个企业为样本,在异质性假设下进行企业生产率、出口模式选择与创新的实证分析。

二、变量筛选和描述性统计

各变量含义及描述性统计见表 5-9。

表 5-9　各变量含义及描述性统计

序号	变量	含义	字母	平均值	标准差	最大值	最小值
AB_{71}	企业创新	企业 2004 年 R&D 投入	y	6594.28	59707.55	4359900	0
AC_{12}	企业生产率	企业 2004 年职工高中及以上学历比例	x_1	843.75	2642.93	120628	0
G_4	企业出口模式选择	你的公司是否直接出口产品	x_2	0.3041	0.2174	1	0
A_1	企业市场经验	你的公司存在时间	x_3	22.48	39.997	2011	11

续表

序号	变量	含义	字母	平均值	标准差	最大值	最小值
A_{21}	本地市场效应	公司产品2004年在本市销售的比例	x_4	11.45	26.748	999	0
A_{31}	企业生产效应	2004年公司生产效能利用程度	x_5	82.91	19.917	999	0
C_2	制度	你的公司是否经常与顾客签订合同	x_6	0.1031	0.2083	1	0
C_3	企业经营环境	在过去三年你的公司是否与销售商或者顾客发生商业纠纷	x_7	9.45	82.91	2122	0
D_3	原料供应	在过去三年你的公司是否与供货商发生商业纠纷	x_8	7.89	80.716	1000	0
E_{102}	人力资本	2004年你的公司接受职业培训的工人比例	x_9	165.19	318.290	999	0
E_{45}	商业秘密	2004年公司职工各种收入是否对外公布	x_{10}	0.2417	0.1024	1	0
NA	职工收入差距	公司最高收入是最低收入的倍数	x_{11}	3.41	9.930	999	0
E_{63}	企业信息公开	如有存在收入差距，工人是否知道这些信息	x_{12}	0.1031	0.1620	1	0
E_{10}	工人休闲的基础设施	公司是否存在供工人运动的基础设施（例如乒乓球、篮球等）	x_{13}	0.0803	0.2013	1	0
E_{122}	工作时间	你的公司工人每周工作时间	x_{14}	45.437	6.3601	55	40
F_{11}	电力基础设施	在过去三年你的公司平均每年停电次数	x_{15}	11.45	26.748	999	0
F_5	企业信息化程度	你的公司员工经常使用电脑的比例	x_{16}	17.00	19.543	100	0
G_2	企业出口便利化	2004年你的公司出关花费的天数	x_{17}	630.28	480.183	999	0
G_3	企业进口便利化	2004年你的公司进关花费的天数	x_{18}	650.29	474.096	999	0
H_{51}	信用资质	公司通过信用证购买所有未加工原料的比例	x_{19}	726.51	434.619	999	0

续表

序号	变量	含义	字母	平均值	标准差	最大值	最小值
I_2	企业领导经验	主要的公司领导在本岗位工作的年限	x_{20}	7.66	35.945	999	1
I_8	企业的组织形式	你的公司是否是分公司	x_{21}	0.1301	0.2083	1	0
J_2	产品认证	你的公司产品通过认证或者许可的次数	x_{22}	6.48	6.820	258	1
J_4	政府干预	公司是否有专门人员来处理公司与政府的事务	x_{23}	0.1046	0.3013	1	0
J_7	公司产品受保护	如果发生商业纠纷,公司受保护的程度	x_{24}	283.44	399.573	999	0

三、回归结果分析

从附录5、附录6可以看到,在任何情况下,企业生产率与国际化模式选择(直接出口模式)均显著影响企业创新。一方面,企业生产率显著地影响着企业创新活动的开展和绩效水平。一般地,企业生产率水平越高,企业主营业务利润率就越高,企业用于创新活动的资金就越充足,同时,企业具备承受创新活动失败的能力,所以,企业就越有动力开展创新活动,获得的创新绩效就有可能比生产率水平较低的企业高一些。我们的结论与马西米利亚诺·布拉迪和朱利亚·菲利斯(Massimiliano Bratti 和 Giulia Felice,2012)一致。他们利用意大利制造业企业数据对此进行了实证分析后发现,只有生产率较高的企业才可能选择出口模式。企业处于出口的状况有利于产品创新活动的开展,并有利于进一步促进企业生产率水平的大幅提高。另一方面,企业选择适宜的国际化模式也有利于企业创新。以间接出口模式为例,虽然出口企业通过贸易中介进行出口时可能会遇到"敲竹杠"与扩大收益的两难选择,但是,选择间接出口模式可能使生产率较低的原本没有任何可能出口的企业进入国际市场,参与国际化竞争,获得较高的投资收益,增加了企业开展创新活动的实力,同时,企业进入国际市场能够了解国际前沿的共性技术、管理经验、工艺流程和国外消费者偏好等,有利于丰富企业创新活动的内涵,增强企业创新活动的绩效水平。我们的结论与林和唐(Lin 和 Tang,2013)、阿曼多·席尔瓦、奥斯卡·阿方苏和安娜·宝拉·阿弗里卡(Armando Silva、Oscar Afonso 和 Ana Paula Africano,2013)、马特津·波尔曼斯(Martijn Boermans,2013)等保持一致。另外,发现"你的公司存在时间、公司生产效能利用程度、在过去三年你的公司是否与销售商或者顾客发生商业纠纷、在过去三年你的公司是否与供货商发生商业纠纷、公司接受职业培训的工人比例、公司职工各种收入是否对外公布、公司是否存在供工人运动的基础设施、公司工人每周工作时间、公司员工经常使用电脑的比例、公司出关花费的天数、公司是否是分公司、公司产品通过认证或者许可的次数"等因素显著地影响企业创新。

四、研究结论

为了进一步研究企业生产率、国际化模式选择与创新之间的关系,通过增加滞后变量、变换回归方法等进行稳健性检验。为了避免模型中解释变量之间存在相关性,运用逐步回归法(STEPLS)进行稳健性检验。同时,考虑到变量可能不具备独立性、同方差和正态性,选用百分位数回归(QREG)进行回归分析。回归结果见附录7。从中可以看出,无论是最小二乘法(OLS 回归)、百分位数回归(QREG),还是逐步回归法(STEPLS),企业生产率、国际化模式选择均显著影响企业创新。

　　本章从实证角度对创新、企业生产率与国际化模式选择进行了分析，我们发现三者之间存在显著的动态良性互动关系，即企业开展创新活动，增加创新绩效，能够显著提高企业生产率，有利于实现企业国际化模式的"跨越"，从而带来更多的国际化收益；企业进入国际市场，能够接触到行业前沿动态和先进技术水平，也能够了解国外消费者的需求和偏好，这样增加了企业创新活动的针对性、实效性和合理性。因此，企业如何选择更高效的模式进入国际市场需要从静态和动态两个层面来综合考虑。只有这样，企业才能选择适宜的模式进入国际市场，获取更多的投资收益。

第六章 研究结论与政策建议

这一部分总结了基本思想和研究结论,提出相应的政策建议,并对可能的研究进行了分析。

第一节 本书研究结论

国际市场进入模式的研究始于国际投资理论,经过不断地发展、丰富而日臻完善。尤其是聚焦于异质性企业的新新贸易理论的提出,为这项研究开辟了更为广阔的发展领域和创新空间。新新贸易理论认为,只有生产率高的企业才能进入国际市场和进行国际化经营,生产率较低的企业仅能服务国内市场,生产率最低的企业不得不退出市场。长期以来,我国企业自主创新能力较低,企业生产率整体水平不高,国际化发展经验尚浅,缺乏清晰的国际化战略。选择适宜的国际市场进入模式是企业能否成功走向国际市场、进行国际化经营的关键。

在企业异质性视角下,将创新、企业生产率与国际市场进入模式选择三者联系起来,系统研究了三者之间相互影响的内在机理,并用企业微观数据进行检验。具体来说,从文献综述入手,回顾和评述了企业国际化理论和新新贸易理论的国内外研究进展,并将创新、企业生产率和国际市场进入模式选择问题作为研究重点。首先,进行了企业异质性理论分析,探讨企业异质性的内涵和在国际贸易中的普适性,较为详细地介绍了梅利兹—赫尔普曼—耶普尔框架下异质性企业国际市场进入模式选择,将创新因素纳入其中。其次,在企业异质性视角下分别探讨了创新、企业生产率与国际市场进入模式之间的互动关系,充分考虑企业国际化的实际情况,例如间接出口、创新异质(不同创新程度和不同创新类型)、联合经营、出口平台型 FDI 等情况。再次,以出口模式为例,利用企业微观数据对前文得到的结论进行了实证分析。最后,将每章的结论进行归纳概括总结得到全书结论。总体来说,基本结论有以下几个方面。

第一,企业进入国际市场必须选择与其生产率水平相适宜的模式。静态分析结果显示,生产率最低的企业被迫退出国内市场;生产率较低的企业只能服务国内市场;生产率处于中间的企业或者选择间接出口模式或者选择直接出口模式进入国际市场;生产率最高的企业选择投资模式进入国际市场。动态分析结果显示,企业应当动态选择与其生产率水平相适宜的模式才能获取较高的国际化投资收益。例如,当企业生产率处于中间水平时,如果企业仅在国内开展经营活动,那么必将降低投资收益,如果企业选择投资模式进入国际市场,那么企业国际化活动必然不能持续进行。当企业生产率超过阈值时,企业应当及时调整国际化战略,选择与其相适宜的模式进入国际市场。

　　第二,创新、企业生产率与国际化模式选择之间存在良性互动关系。基于新新贸易理论,将创新、企业生产率与国际化模式选择三者联系起来,系统研究了三者之间的内在机理。创新是企业生产率的支撑点和动力源。创新通过影响企业生产率进而导致作出不同的进入模式选择,引起国际化模式之间相互发生转换、跳跃或者升级,诱导之前由于生产率过低而退守国内市场的企业选择适宜的最优进入模式,重新走向国际市场,进行国际化运营,丰富了企业国际化模式选择,在一定程度上促进新新贸易理论发展,为我国企业开展国际化经营,参与和引领国际经济合作、竞争新优势等提供了理论支撑。

　　第三,考虑运输成本为零和创新绩效异质性的情况,创新在企业选择出口模式进入国际市场过程中发挥着重要作用。正如前文所述,当运输成本为零时,处于阈值的企业生产率与创新因子之间存在一种负相关关系。当创新因子越来越大时,达到均衡的企业生产率越小,也就是说,在相同条件下,通过创新活动,企业能够更快实现国际化模式的转换,能够更加容易获得较高的期望利润。反之,当创新因子越来越小时,达到均衡的企业生产率越大,也就是说,在相同条件下,企业获取的期望利润就越来越少。当创新绩效存在差异时,不同创新程度的企业选择出口模式进入国际市场的整个图景是一条包络曲线,具体表现为不同创新程度的企业选择不同类型的国际化模式,获得不同的国际化收益。因此,创新在企业选择出口模式进入国际市场过程中发挥着重要的作用。

　　第四,考虑联合经营和出口平台型 FDI,创新显著影响企业选择投资模式进入国际市场。考虑跨国公司和本地企业联合经营的情况,企业选择出口模式或联合经营 FDI 模式或全部控股 FDI 模式进入国际市场,生产率阈值与创新因子之间存在负相关关系,即创新因子越大,生产率阈值越小,企业越有可能实现国际化模式之间的变换,从而获得更高的利润。考虑出口平台型 FDI,以贸易成本处于中间程度为例,生产率阈值与创新因子之间存在反向关系,即企业开展创新活动获得绩效越高,创新因子越大,生产率阈值越小,企业越有可能选择水平型 FDI 进入国际市场,获取最高的利润。因此,创新对企业选择投资模式具有重要的促进作用。

第五,当企业生产率随机波动时,创新显著影响企业选择国际化模式。企业生产率保持不变或者保持固定增长率是偶然的,随机波动才是常态。尽管企业生产率达到要求,但是企业需要充实出口能力,经过"盛装打扮"(比如开展创新活动、提高创新绩效、采用更为先进的技术)之后才能进入国际市场。因此,企业国际化模式选择不得不考虑时间选择问题,即企业国际化不仅涉及进入模式选择,而且涉及进入时间选择。当企业生产率随机波动时,创新能够提高企业生产率水平,缩短与生产率阈值之间的差距,减少进入国际市场之前的等待时间,促进企业选择适宜的模式进入国际市场,获得较高的国际化投资收益。

第二节　我国企业国际模式选择的政策建议

第一,企业选择国际化模式主要依据的是企业生产率的相对水平。事实证明,并非所有企业均能进入国际市场、开展国际化经营、获得国际化收益,而是生产率达到一定水平的企业才可能选择适宜的模式进入国际市场。首先,确定企业生产率在整个行业的相对位置。如果处于很低的位置，则应尽快退出市场；如果处于下游位置，则仅适宜在国内市场生产销售；如果处于中游位置，则适宜选择间接出口模式或者直接出口模式进入国际市场；如果处于上游位置，则适宜选择投资模式进入国际市场。

第二，企业应不断进行创新，努力提高创新绩效，提升企业国际化经营水平。以全球视野谋划和提高企业创新绩效，努力构建以企业为主体、以市场为导向、产学研相结合的技术创新体系，更加注重企业协同创新能力，鼓励企业进行技术创新，制定企业技术创新项目研发与产业化，高新技术项目引进与转化以及科技孵化器培育、优化、提升等相应扶持政策和税收优惠措施，加强与境外研发机构和创新企业进行研发合作，继续发挥产学研的互补优势，建立健全产学研合作的体制机制，营造良好的政策环境和服务氛围，提高企业生产率水平，选择适宜的国际化模式，提升企业国际化经营水平。

第三，降低政府补贴，不断降低企业成本，逐步扩大企业规模，提高企业生产率。政府补贴显著地降低了企业生产率。企业是否是分公司这一变量对企业生产率具有稳健的正向影响。企业成本对企业生产率有阻碍作用。企业规模显著地影响企业生产率。因此，降低政府对企业的补贴，建立政府补贴动态监测机制和创新激励平台，通过税收优惠、反馈交互、评估累计等形式，提高企业进行技术创新的积极性。加强国内基础设施建设，全面清理规范好各种交通运输行政事业性收费，降低出口企业的市场进入成本、出口固定成本和出口运输成本。加强国际贸易合作与交流，简化和协调国内外各种贸易程序，加快贸易要素的跨境流动，形成良好、稳健、互动的国际经贸合作关系，降低企业 FDI 固定成本。

第四，消除信息盲点，堵塞信息漏洞，创新信息反馈机制，促进三者良性互动。在企业异质性假设视角下，创新和企业生产率能够显著地影响企业国际化模式选择，企业生产率和国际化模式选择能够显著地影响企业创新活动和创新绩效，同样地，创新和国际化模式选择也能够显著地影响企业生产率。所以，政府和企业可以通过消除信息盲点、堵塞信息漏洞、加强信息反馈、提高信息质量和优化信息结构等举措促进三者良性互动。具体来说，政府和企业协同合作，加强对国外企业生产技术、工艺流程和生产设备以及消费者偏好的甄别、归类和分析，尽量消除各种信息盲点、堵塞信息漏洞，及时将国外市场得到的优良信息反馈到国内，通过科技联合攻关、区域协同创新和企业自主研发等方式进行消化、吸收和再创造，同时优化信息结构和内涵，避免信息滞后、渠道单一、知识贫乏等问题对企业生产率的影响。

第三节　未来国际化模式选择的研究方向和重点

根据研究框架和研究内容，未来国际化模式选择的研究方向和重点包括以下几个方面。

第一，可以考虑政府的角色和政策作用。受篇幅限制，本书没有考虑政府的角色定位和政策作用对企业国际化模式最优选择的影响。尽管我国已经建立了社会主义市场经济体制，市场在优化资源配置、扩大市场规模、促进经济发展的过程中发挥着越来越重要的作用，但政府政策对企业选择适宜的模式进入国际市场的影响力还是非常大的。

　　第二,重视不同模式共存的问题。受篇幅限制,本书假定每个异质性企业仅有一种国际化模式,没有考虑企业的不同产品或者服务存在不同的国际化模式。但是,实际上,企业不仅在产品或者服务上同时实行不同的进入模式,而且不同的子公司也会同时实行不同的进入模式。这些涉及了企业内部化问题。

　　第三,深入探究创新、企业生产率与国际化模式选择三者良性互动的诱因。受篇幅限制,本书仅仅说明了三者之间存在良性互动关系,并没有深入探究其背后的诱因。到底是什么诱导三者之间能够良性互动,或者三者之间是否存在某种效应或者机制等问题,是进一步研究的方向。

　　第四,深入考虑企业选择国际化模式的实际效果问题。假定企业生产率达到一定阈值后,选择出口模式或者投资模式进入国际市场,必然能够在国际市场上获取投资收益。最新研究表明,一部分企业进入国际市场后很快退回到国内市场,企业国际化活动暂停了。一个可能的原因是企业生产率虽然达到了进入国际市场的要求,但是由于在进入国际市场之前没有准确预测自己的产品在国外市场的赢利程度。企业异质性与出口变动之间存在什么关系,贸易成本异质性与中国企业出口行为研究之间是否存在某些关系等问题是未来研究的内容。

参 考 文 献

1. 安虎森、皮亚彬、薄文广:《市场规模、贸易成本与出口企业生产率"悖论"》,《财经研究》2013 年第 5 期。

2. 陈策:《异质性厂商国际市场进入方式的选择和政策支持研究》,西北大学 2010 年博士学位论文。

3. 陈超、姚利民:《制造业单位劳动成本的国际比较及其对出口与福利的影响》,《世界经济研究》2007 年第 6 期。

4. 陈洪涛、陈劲、施放、郑胜华:《新兴产业发展中的政府作用机制研究——基于国家政治制度结构的理论分析模型》,《科研管理》2009 年第 3 期。

5. 陈琳、罗长远:《FDI 的前后向关联和中国制造业企业生产率的提升——基于地理距离的研究》,《世界经济研究》2011 年第 2 期。

6. 陈文芝:《贸易自由化与行业生产率——企业异质性视野的机理分析与实证研究》,中国社会科学出版社 2013 年版。

7. 陈晓华、刘慧:《出口技术复杂度赶超对经济增长影响的实证分析——基于要素密集度异质性视角的非线性检验》,《科学学研究》2012 年第 11 期。

8. 陈阵、隋岩:《贸易成本如何影响中国出口增长的二元边际——多产品企业视角的实证分析》,《世界经济研究》2013 年第 10 期。

9. 戴觅、余淼杰:《企业出口前研发投入、出口及生产率进步——来自中国制造业企业的证据》,《经济学(季刊)》2012 年第 1 期。

10. 戴小勇、成力为:《中国出口企业特征及形成原因的实证研究——异质性企业贸易理论的分析视角》,《国际贸易问题》2014 年第 2 期。

11. 樊增强、宋雅楠:《企业国际化动因理论述评》,《当代经济研究》2005 年第 9 期。

12. 付建:《出口贸易、企业异质性和生产率:一个比较优势的分析框架》,《经济问题》2012 年第 2 期。

13. 高国伟:《跨国公司生产率差异和国际直接投资战略选择》,《南方经济》2010 年第 3 期。

14. 高静:《技术异质下专业化分工模式与国家出口生产效率研究——基于 44 个国家 1999—2010 年面板数据分析》,《世界经济研究》2013 年第 5 期。

15. 高宇:《贸易成本与纯出口企业的异质性》,《国际贸易问题》2014 年第 2 期。

16. 郭晶、杨艳:《经济增长、技术创新与我国高技术制造业出口复杂度研究》,《国际贸易问题》2010 年第 12 期。

17. 杭雷鸣、孙泽生、郭俊辉:《国际商品价格波动与中国出口贸易的能源成本:一个实证分析》,《经济理论与经济管理》2011 年第 2 期。

18. 何暑子、范从来:《人民币升值对出口企业研发活动的影响——异质企业双寡头博弈分析》,《经济管理》2012 年第 5 期。

19. 洪联英、罗能生:《全球生产与贸易新格局下企业国际化发展路径及策略选择——基于生产率异质性理论的分析方法》,《世界经济研究》2007 年第 12 期。

20. 黄春媛、何永江、李薇贞:《FDI 对我国电子工业生产率的行业内溢出效应研究——以 1996—2001 年 43 个细分行业为例》,《南开经济研究》2010 年第 6 期。

21. 黄静波、黄小兵:《异质企业、金融约束与出口——基于中国企业的研究》,《中山大学学报(社会科学版)》2012年第2期。

22. 黄玖立、徐旻鸿:《境内运输成本与中国的地区出口模式》,《世界经济》2012年第1期。

23. 黄小兵、黄静波:《异质企业、贸易成本与出口——基于中国企业的研究》,《南开经济研究》2013年第4期。

24. 黄小兵:《异质企业、汇率波动与出口——基于中国企业的实证研究》,《国际金融研究》2011年第10期。

25. 江波、李美云:《生产服务业出口贸易、创新与生产率提升:理论与实证》,《财经研究》2012年第7期。

26. 蒋为、顾凌骏:《融资约束、成本异质性与企业出口行为——基于中国工业企业数据的实证分析》,《国际贸易问题》2014年第2期。

27. 金祥荣、刘振兴、于蔚:《企业出口之动态效应研究——来自中国制造业企业的经验:2001—2007》,《经济学(季刊)》2012年第3期。

28. 康志勇:《出口贸易与自主创新——基于我国制造业企业的实证研究》,《国际贸易问题》2011年第2期。

29. 孔祥贞、刘海洋、徐大伟:《出口固定成本、融资约束与中国企业出口参与》,《世界经济研究》2013年第4期。

30. 赖伟娟、黄静波:《出口行为、企业异质性与生产率研究——基于1999—2007年中国企业普查数据的实证分析》,《国际经贸探索》2011年第7期。

31. 赖永剑:《空间动态外部性、企业异质性与出口决定——基于中国制造业企业面板数据》,《中南财经政法大学学报》2011年第2期。

32. 雷欣、陈继勇:《FDI、出口与区域经济增长——异质面板"格兰杰"因果检验的应用》,《经济管理》2012年第6期。

33. 李春顶、石晓军、邢春冰:《"出口—生产率悖论":对中国经验的进一步考察》,《经济学动态》2010年第8期。

34. 李春顶、王领:《异质性企业的出口贸易行为选择与经济效应——新—新贸易理论的模型扩展及其对我国的启示》,《商业经济与管理》2009 年第 8 期。

35. 李春顶:《新—新贸易理论文献综述》,《世界经济文汇》2010 年第 1 期。

36. 李春顶:《中国出口企业是否存在"生产率悖论":基于中国制造业企业数据的检验》,《世界经济》2010 年第 7 期。

37. 李宏兵:《企业异质性与贸易中介理论研究新进展》,《西部论坛》2012 年第 3 期。

38. 李军:《企业多重异质性与出口行为:Melitz 模型的拓展与来自中国制造业的数据》,华中科技大学 2011 年博士学位论文。

39. 李平、田朔:《出口贸易对技术创新影响的研究:水平溢出与垂直溢出——基于动态面板数据模型的实证分析》,《世界经济研究》2010 年第 2 期。

40. 李善民、李昶:《跨国并购还是绿地投资?——FDI 进入模型选择的影响因素研究》,《经济研究》2013 年第 12 期。

41. 李真:《劳动力成本对中国出口贸易碳排放的倒逼影响》,《当代经济研究》2013 年第 6 期。

42. 李志远、余淼杰:《生产率、信贷约束与企业出口:基于中国企业层面的分析》,《经济研究》2013 年第 6 期。

43. 梁会君、史长宽:《国内外贸易成本差异、行业要素密集度与我国出口"生产率悖论"——基于中国制造业动态面板数据》,《山西财经大学学报》2013 年第 10 期。

44. 廖利兵、陈建国、曹标:《FDI、出口与企业的异质性——基于不同方式下风险差异的视角》,《世界经济研究》2013 年第 10 期。

45. 林学军:《战略性新兴产业的发展与形成模式研究》,《中国软科学》2012 年第 2 期。

46. 刘刚:《企业的异质性假设——对企业本质和行为基础的演化

论解释》,《中国社会科学》2002 年第 2 期。

47. 刘海洋、罗洋:《中国高技术企业出口影响因素分析——基于异质性企业贸易理论的视角》,《经济经纬》2012 年第 1 期。

48. 刘慧:《产品质量升级的出口效应分析——基于企业异质性视角》,《西安电子科技大学学报(社会科学版)》2013 年第 3 期。

49. 刘慧:《企业异质性、出口与劳动收入占比——基于要素密集度异质性视角的 Stolper-Samuelson 定理检验》,《当代经济科学》2013 年第 3 期。

50. 刘凯旋、孙凤英:《会计视角下的反倾销规避——基于出口产品环境成本核算角度》,《国际贸易问题》2009 年第 9 期。

51. 刘小玄、吴延兵:《企业生产率增长及来源:创新还是需求拉动》,《经济研究》2009 年第 7 期。

52. 刘秀玲:《中国出口企业技术创新异质性研究——来自上市公司的经验证据》,《中国软科学》2012 年第 5 期。

53. 马凤涛、吕智:《异质性企业、生产率与出口市场选择——基于中国汽车企业的实证分析》,《中南财经政法大学学报》2012 年第 3 期。

54. 马凌远:《中国对外贸易成本的分解及其对出口的影响——基于随机前沿引力模型》,《世界经济研究》2012 年第 9 期。

55. 毛其淋、盛斌:《贸易自由化、企业异质性与出口动态——来自中国微观企业数据的证据》,《管理世界》2013 年第 3 期。

56. 柴江艺、许和连:《行业异质性、适度知识产权保护与出口技术进步》,《中国工业经济》2012 年第 2 期。

57. 钱春海:《成本信息不对称、产品市场竞争与自动出口限制政策研究》,《当代财经》2008 年第 3 期。

58. 钱海燕、杨忠:《中国企业国际化理论研究发展历程及未来展望:1978—2006》,《国际贸易问题》2008 年第 9 期。

59. 钱学锋、王胜、陈勇兵:《中国的多产品出口企业及其产品范围:事实与解释》,《管理世界》2013 年第 1 期。

60. 钱学锋、王菊蓉、黄云湖、王胜:《出口与中国工业企业的生产率——自我选择效应还是出口学习效应?》,《数量经济技术经济研究》2011 年第 2 期。

61. 钱学锋:《企业异质性、贸易成本与中国出口增长的二元边际》,《管理世界》2008 年第 9 期。

62. 乔立、金占明:《关系对企业国际化进入模式战略选择的影响》,《科学学与科学技术管理》2009 年第 9 期。

63. 邵敏:《出口贸易是否促进了我国劳动生产率的持续增长——基于工业企业微观数据的实证检验》,《数量经济技术经济研究》2012 年第 2 期。

64. 邵敏:《我国企业出口对员工收入的影响——基于企业异质性视角的经验研究》,《中国工业经济》2011 年第 9 期。

65. 施炳展:《企业异质性、地理距离与中国出口产品价格的空间分布》,《南方经济》2011 年第 2 期。

66. 施炳展:《中国企业出口产品质量异质性:测度与事实》,《经济学(季刊)》2014 年第 1 期。

67. 史青:《出口和生产率:基于异质性企业的实证研究综述》,《国际经贸探索》2012 年第 8 期。

68. 史长宽、梁会君:《行政垄断、市场进入成本与出口生产率悖论——基于中国工业省级动态面板数据的经验分析》,《经济与管理研究》2013 年第 9 期。

69. 宋红军:《外国直接投资对中国内资企业出口溢出效应的异质性研究——基于 FDI 不同进入模式角度的分析》,《云南社会科学》2012 年第 1 期。

70. 孙俊新:《沉没成本对企业出口决策的影响》,《山西财经大学学报》2013 年第 4 期。

71. 孙晓华、孙哲:《出口贸易对企业生产率的异质性影响——基于行业特征、企业规模和出口比重分组的实证检验》,《世界经济研究》2012 年第 8 期。

72. 汤二子、李影、张海英:《异质性企业、出口与"生产率悖论"——基于 2007 年中国制造业企业层面的证据》,《南开经济研究》2011 年第 3 期。

73. 汤二子、孙振:《异质性生产率、产品质量与中国出口企业的"生产率悖论"》,《世界经济研究》2012 年第 11 期。

74. 汤二子、邵莹、刘海洋:《生产率对企业出口的影响研究——兼论新新贸易理论在中国的适用性》,《世界经济研究》2012 年第 1 期。

75. 汤二子、孙振:《引入产品质量的异质性企业贸易模型及中国经验证据》,《经济评论》2012 年第 4 期。

76. 田东文、姚微:《技术性贸易措施影响中国制造业出口的实证分析——基于企业异质性视角的研究》,《国际经贸探索》2012 年第 3 期。

77. 田志龙、邓新明、Taïeb Hafsi:《企业市场行为、非市场行为与竞争互动——基于中国家电行业的案例研究》,《管理世界》2007 年第 8 期。

78. 汪秀婷、杜海波:《系统视角下战略性新兴产业创新系统架构与培育路径研究》,《科学管理研究》2012 年第 1 期。

79. 王国顺、郑准、杨昆:《企业国际化理论的演进》,人民出版社 2009 年版。

80. 王国顺、郑准:《企业国际化研究的基本问题:理论演进视角》,《中南大学学报(社会科学版)》2008 年第 1 期。

81. 王华、许和连、杨晶晶:《出口、异质性与企业生产率——来自中国企业层面的证据》,《财经研究》2011 年第 6 期。

82. 王怀民:《加工贸易、劳动力成本与农民工就业——兼论新劳动法和次贷危机对我国加工贸易出口的影响》,《世界经济研究》2009 年第 1 期。

83. 王淑云、孙泽生：《出口补贴、运输成本与贸易模式——对传统分析的矫正和扩展》，《国际经贸探索》2011年第8期。

84. 王勇：《异质性理论框架下产品出口的影响因素——基于宁波市的实证分析》，《国际贸易问题》2013年第5期。

85. 王增涛、庄贵军、樊秀峰：《中国制造企业国际化的影响因素与分析框架：以TCL为例》，《南开管理评论》2005年第3期。

86. 吴福象、王新新：《行业集中度、规模差异与创新绩效——基于GVC模式下要素集聚对战略性新兴产业创新绩效影响的实证分析》，《上海经济研究》2011年第7期。

87. 项松林、赵曙东：《融资异质性对企业出口的影响——信贷投资与抵押贷款的比较研究》，《国际贸易问题》2013年第11期。

88. 项松林：《异质性企业、结构转型与稳定出口》，《经济评论》2011年第4期。

89. 谢孟军、郭艳茹：《语言交易成本对中国出口贸易的影响》，《现代财经（天津财经大学学报）》2013年第5期。

90. 熊正德、林雪：《战略性新兴产业上市公司金融支持效率及其影响因素研究》，《经济管理》2010年第11期。

91. 许晖、余娟：《企业国际化经营中关键风险的识别研究》，《南开管理评论》2007年第4期。

92. 许统生、陈文婷：《贸易成本构件及其变化对我国出口的影响——随机前沿分析》，《江西社会科学》2013年第1期。

93. 严建苗、王辰璐：《异质性、生产率与出口贸易——来自浙江民营企业的经验证据》，《浙江社会科学》2013年第4期。

94. 杨丹萍：《我国出口贸易环境成本内在化效应的实证分析与政策建议》，《财贸经济》2011年第6期。

95. 杨汝岱、朱诗娥：《企业、地理与出口产品价格——中国的典型事实》，《经济学（季刊）》2013年第4期。

96. 杨瑞龙、刘刚：《企业的异质性假设和企业竞争优势的内生性分析》，《中国工业经济》2002 年第 1 期。

97. 易靖韬、傅佳莎：《企业生产率与出口：浙江省企业层面的证据》，《世界经济》2011 年第 5 期。

98. 易靖韬：《企业异质性、市场进入成本、技术溢出效应与出口参与决定》，《经济研究》2009 年第 9 期。

99. 印梅、王光伟：《双边汇率变动、异质性传导与对日出口结构——基于 SITC 分类数据的实证分析》，《世界经济与政治论坛》2013 年第 4 期。

100. 于春海、张胜满：《市场进入成本与我国出口企业生产率之谜》，《中国人民大学学报》2013 年第 2 期。

101. 于洪霞、龚六堂、陈玉宇：《出口固定成本融资约束与企业出口行为》，《经济研究》2011 年第 4 期。

102. 余官胜：《我国出口贸易和技术创新关系实证研究——基于联立方程组》，《科学学研究》2011 年第 2 期。

103. 余淼杰：《加工贸易、企业生产率和关税减免——来自中国产品面的证据》，《经济学（季刊）》2011 年第 4 期。

104. 余淼杰：《加工贸易与中国企业生产率：企业异质性理论和实证研究》，北京大学出版社 2013 年版。

105. 余淼杰：《中国的贸易自由化与制造业企业生产率》，《经济研究》2010 年第 12 期。

106. 俞海山：《环境成本内在化的贸易效应分析——兼论近年我国出口关税调整政策》，《财贸经济》2009 年第 1 期。

107. 张诚、蒙大斌：《技术创新、行业特征与生产率绩效——基于中国工业行业的实证分析》，《当代经济科学》2012 年第 4 期。

108. 张凤、孔庆峰：《出口固定投入成本与扩展边际理论研究述评及展望》，《经济评论》2013 年第 6 期。

109. 张杰、李勇、刘志彪：《出口促进中国企业生产率提高吗？——来自中国本土制造业企业的经验证据：1999—2003》，《管理世界》2009 年第 12 期。

110. 张杰、张培丽、黄泰岩:《市场分割推动了中国企业出口吗?》,《经济研究》2010 年第 8 期。

111. 张礼卿、孙俊新:《出口是否促进了异质性企业生产率的增长:来自中国制造企业的实证分析》,《南开经济研究》2011 年第 4 期。

112. 赵春燕、黄汉民:《出口工资溢价:自我选择效应还是出口学习效应? ——基于企业异质性视角的经验研究》,《国际贸易问题》2013 年第 9 期。

113. 赵金亮:《异质性视角下的出口与生产率:企业动因及行业绩效》,浙江大学 2012 年博士学位论文。

114. 赵晶、王根蓓:《人力资本异质性与中国出口竞争力》,《经济学动态》2011 年第 9 期。

115. 赵曙明、高素英、周建、刘建朝:《企业国际化的条件、路径、模式及其启示》,《科学学与科学技术管理》2010 年第 1 期。

116. 赵伟、陈文芝:《沉没成本与出口滞后——分析中国出口持续高增长问题的新视角》,《财贸经济》2007 年第 10 期。

117. 赵伟、韩媛媛、赵金亮:《异质性、出口与中国企业技术创新》,《经济理论与经济管理》2012 年第 4 期。

118. 赵伟、赵金亮、韩媛媛:《异质性、沉没成本与中国企业出口决定:来自中国微观企业的经验证据》,《世界经济》2011 年第 4 期。

119. 赵伟、赵金亮:《生产率决定中国企业出口倾向吗——企业所有制异质性视角的分析》,《财贸经济》2011 年第 5 期。

120. 朱英杰:《融资约束、生产率与异质性企业的出口竞争力——微观基础的中国经验考察》,《世界经济研究》2012 年第 9 期。

121. 庄佩芬、蔡秋红:《海峡两岸农产品出口结构调整能力与调整成本比较分析》,《国际贸易问题》2012 年第 3 期。

122. A. A. Shariff, A. Zahari and K. Sopian, "The Comparison Logit and Probit Regression Analyses in Estimating the Strength of Gear Teeth",

European Journal of Scientific Research, Vol.27, No.4, 2009.

123. Afonso, Oscar and Silva, "Arando Non-scale Endogenous Growth Effects of Subsidies for Exporters", *Economic Modeling*, Vol. 29, No. 4, 2012.

124. Aghion, Antras and Helpman, "Negotiating Free Trade", *Journal of International Economics*, Vol.73, No.1, 2007.

125. Ahn, Aebin, Khandelwal, Ait K., Wei, Shang-in, "The Role of Intermediaries in Facilitating Trade", *Journal of International Economics*, Vol.84, No.1, 2011.

126. Alex Rialp, Osep Rialp, David Urbano and Yancy Vaillant, "The Born-Global Phenomenon: A Comparative Case Study Research", *Journal of International Entrepreneurship*, Vol.3, No.2, 2005.

127. Alfredo D. Angelo, "Innovation and Export Performance: A Study of Italian High-tech SES", *Journal of Management and Governance*, Vol. 16, No.3, 2012.

128. Anna Stavrianakis, "Licensed to Kill: The United Kingdo's Arms Export Licensing Process", *Economics of Peace and Security Journal*, Vol. 3, No.1, 2008.

129. Antrás, Arnaud Costinot, "Intermediation and Economic Integration", American Economic Review, Vol.100, No.2, 2010.

130. Antràs, Desai and C. Fritz Foley, "Multinational Firms, FDI Flows, and Imperfect Capital Markets", *Quarterly Journal of Economics*, Vol.124, No.3, 2009.

131. Antràs, Esteban Rossi-Hansberg, "Organizations and Trade", *Annual Review of Economics*, *Annual Reviews*, Vol.1, No.1, 2009.

132. Antràs, Luis Garicano and Esteban Rossi-Hansberg, "Offshoring in a Knowledge Economy", *The Quarterly Journal of Economics*, Vol.121, No.1, 2006.

133. Antrás et al., "Intermediation and Economic Integration", *American Economic Review*, Vol.100, No.2, 2010.

134. Antràs et al., "Intermediated Trade", *The Quarterly Journal of Economics*, Vol.126, No.3, 2011.

135. Antràs, Firms, "Contracts and Trade Structure", *The Quarterly Journal of Economics*, Vol.118, No.4, 2003.

136. Antweiler, Copeland and Taylor, "Is Free Trade Good for the Environment?", *American Economic Review*, Vol.91, No.4, 2001.

137. Arando Silva, Oscar Afonso and Ana Paula Africano, "Which Firms are the Most Innovative? The Importance of Multinationals and Exporters in Portugal", *Acta Oeconomica*, Vol.63, No.2, 2013.

138. Artur Kliek, "Greenfield Foreign Direct Investment Versus Cross-border Mergers and Acquisitions", *Eastern European Economics*, Vol.49, No.6, 2011.

139. Aw, Bee Yan, Sakkyun Chung and ark.Roberts, "Productivity and Turnover in the Export Market: Micro-Level Evidence from the Republic of Korea and Taiwan(China)", *World Bank Economic Review*, Vol.14, 2000.

140. Ayuu Tanaka, "Firm Productivity and the Number of FDI Destinations: Evidence from a Non-parametric Test", *Economics Letters*, Vol.117, No.1, 2012.

141. Baily, Martin N., Bertelsmann, Eric and Ohn Haltiwanger, "Labor Productivity: Structural Change and Cyclical Dynamics", *The Review of Economics and Statistics*, Vol.83, No.3, 2001.

142. Baltagi, Badi H. and Egger, Peter and Pfafferayr, Michael, "Estimating Models of Complex FDI: Are There Third-country Effects?", *Journal of Econometrics*, Vol.140, No.1, 2007.

143. Barbara Spencer, "International Outsourcing and Incomplete Contracts", *Canadian Journal of Economics*, Vol.38, No.4, 2005.

144. Bartelsan and Dos, "Understanding Productivity: Lessons from Longitudinal Microdot", *Journal of Economic Literature*, Vol.38, 2000.

145. Benain Oviatt and Patricia Phillips McDougall, "Toward a Theory of International New Ventures", *Journal of International Business Studies*, Vol.25, No.1, 1994.

146. Bernard and Bradford Jensen and Stephen Redding and Peter K. Schott, "Intra Firm Trade and Product Contractibility", *American Economic Review*, Vol.100, No.2, 2001.

147. Bernard and Stephen, Redding and Peter K. Schott, "Multiproduct Firms and Trade Liberalization", *The Quarterly Journal of Economics*, Vol.126, No.3, 2011.

148. Bernard and Stephen, Redding and Peter K. Schott, "Products and Productivity", *Scandinavian Journal of Economics*, Vol. 111, No. 4, 2009.

149. Bernard and Jensen, "Why Some Firms Export", *Review of Economics and Statistics*, Vol.86, No.2, 2004.

150. Bernard et al., "Wholesalers and Retailers in U. S. Trade", *American Economic Review*, Vol.100, No.2, 2010.

151. Besedes and Prusa, "Product Differentiation and Duration of US Imports Trade", *Journal of International Economics*, Vol.70, 2006.

152. Bilkey and Tesar, "The Export Behavior of Smaller-Sized Wisconsin Manufacturing Firms", *Journal of International Business Studies*, Vol.8, No.1, 1977.

153. Bloo, Nicholas and Ohn Van Reenen, "Why Do Management Practices Differ across Firms and Countries?", *Journal of Economic Perspectives*, Vol.24, 2010.

154. Bonaccorsi, "On the Relationship between Firm Size and Export Intensity", *Journal of International Business Studies*, Vol.23, No.4, 1992.

155. Brainard and S. Lael, "An Empirical Assessment of the Proximity-Concentration Trade-off between Multinational Sales and Trade", *American Economic Review*, Vol.87, No.4, 1997.

156. Breinlich and Holge, "Trade Liberalization and Industrial Restructuring through Mergers and Acquisitions", *Journal of International Economics*, Vol.76, 2008.

157. Broda, Christian and David E. Weinstein, "Globalization and the Gains from Variety", *Quarterly Journal of Economics*, Vol.121, 2006.

158. Bruno Cassian and Elena Golovko Ester Artínez-Ros, "Innovation, Exports and Productivity", *International Journal of Industrial Organization*, Vol.28, No.4, 2010.

159. Bustos, P., "Trade Liberalization, Exports and Technology Upgrading: Evidence on the Impact of Mercosur on Argentinean Firms", *American Economic Review*, Vol.101, No.2011.

160. Caldera, A., "Innovation and Exporting: Evidence from Spanish Manufacturing Firms", *Review of World Economics*, Vol.146, No.4, 2010.

161. Caliendo and Rossi Hansberg, "The Impact of Trade on Organization and Productivity", *The Quarterly Journal of Economics*, Vol.127, No.3, 2012.

162. Cassey Lee, "The Relationship between Innovation, Productivity and Exports: Some Preliminary Evidence from the Malaysians Manufacturing Sector", *Economics Bulletin*, Vol.12, No.31, 2008.

163. Cassian, B. and Artinez-Ros, E., "Product Innovation and Exports, Evidence from Spanish Manufacturing", *Review of World Economics*, Vol.146, No.4, 2010.

164. Castellani, D. and Giovannetti, G., "Productivity and the International Firm: Dissecting Heterogeneity", *Journal of Economic Policy Reform*, Vol.13, No.1, 2010.

165. Ceccagnoli and Melitz, "Firm Heterogeneity, Imitation, and the Incentives for Cost Reducing R&D Effort", *The Journal of Industrial Economics*, Vol.53, No.1, 2005.

166. Ceccagnoli, "Firm Heterogeneity, Imitation, and the Incentives for Cost Reducing R&D Effort", *The Journal of Industrial Economics*, Vol.53, No.1, 2005.

167. Chevassus-Lozza and Latouche, "Firms, Markets and Trade Costs", *European Review of Agricultural Economics*, Vol.39, No.2, 2012.

168. Cole, Elliott and Strobl, "The Environmental Performance of Firms: The Role of Foreign Ownership, Training, and Experience", *Ecological Economics*, Vol.65, No.3, 2008.

169. Cole, M. and R. Elliott, "Determining the Trade-environment Composition Effect: The Role of Capital, Labor and Environmental Regulations", *Journal of Environmental Economics and Management*, Vol.46, No.3, 2003.

170. Cole M., R. Elliott and K. Shiaoto, "Industrial Characteristics, Environmental Regulations and Air Pollution: An Analysis of the UK Manufacturing Sector", *Journal of Environmental Economics and Management*, Vol.50, No.1, 2005.

171. Cole, M., R. Elliott and S. Wu., "Industrial Activity and the Environment in China: An Industry-level Analysis", *China Economic Review*, Vol.19, No.3, 2008.

172. Cole, M. A., Robert J. R. Elliott and Supreeya Virakul, "Firm Heterogeneity, Origin of Ownership and Export Participation", *The World Economy*, Vol.33, No.2, 2010.

173. Coin, D. and Ulani, S., "Diverging Trends in Aggregate and in Firm Volatility", *Review of Economics and Statistics*, Vol.88, No.2, 2006.

174. Cui Hu and Tan Yong, "Export Spillovers and Export

Performance in China", *China Economic Review*, Vol.41, No.3, 2016.

175. Crozet, Mathieu and Lalanne, Guy and Poncet, Sandra, "Wholesalers in International Trade", *European Economic Review*, Vol.58, No.3, 2013.

176. Chih-Hai Yang, "Exports and Innovation: The Role of Heterogeneity in Exports", *Empirical Economics*, Vol.55, No.3, 2018.

177. D. Engel and V. Procher, "Export: FDI and Firm Productivity", *Applied Economics*, Vol.44, No.15, 2012.

178. Dalia Arin and Thierry Verdier, "Power in the Multinational Corporation in Industry Equilibrium", *Economic Theory*, Vol. 38, No. 3, 2009.

179. Daian, P., Kostevc, C. and Polanec, S., "From Innovation to Exporting or Vice versa?", *The World Economy*, Vol.33, No.3, 2010.

180. Danny Leung, Césaire eh and Yaz Teraia, "Productivity in Canada: Does Firm Size matter?" *Bank of Canada Review*, Vol.2008, No.3, 2008.

181. Davies, R. and S. Batrakova, "Is There an Environmental Benefit to being an Exporter? Evidence from Firm-level Data", *Review of World Economics*, Vol.148, No.3, 2012.

182. Daruich, Diego and Easterly, William and Reshef, Ariell, "The Surprising Instability of Export Specializations", *Journal of Development Economics*, Vol.137, No.3, 2019.

183. Deidova, Svetlana and Rodríguez-Clare, Andrés, "Trade Policy under Firm-level Heterogeneity in a Sall Economy", *Journal of International Economics*, Vol.78, No.1, 2009.

184. Dierk Herzer, "How Does Foreign Direct Investment Really Affect Developing Countries' Growth?", *Review of International Economics*, Vol.20, No.2, 2012.

185. Dierk Herzer, "Outward FDI, Total Factor Productivity and Domestic Output: Evidence from Germany", *International Economic Journal*, Vol.26, No.1, 2012.

186. Dixit, A. and Pindyck, R., *Investment under Uncertainty*, Princeton: Princeton University Press, 1994.

187. Dunning, H., *International Production and the Multinational Enterprise*, London: Allen and Unwind, 1981.

188. Dunning, "Trade, Location of Economic Activity and the MNE: A Search for an Eclectic Approach", In: Ohlin, B. et al. (Eds.)", *The International Allocation of Economic Activity*, 1977.

189. Eddy Bekkers, "Heterogeneous Popularity and Exporting Uncertainty Open Economies Review", *Open Economies Review*, Vol. 22, No.5, 2011.

190. Ekhol, K., Forslid, R. and Arkusen, R., "Export-Platform Foreign Direct Investment", *Journal of European Economic Association*, Vol. 5, No.4, 2007.

191. Elhanan Helpman, Marc Melitz and Yona Rubinstein, "Estimating Trade Flows: Trading Partners and Trading Volumes", *The Quarterly Journal of Economics*, Vol.123, No.2, 2008.

192. Elhanan Helpman, "Foreign Trade and Investment: Firm-level Perspectives", *Economics*, *London School of Economics and Political Science*, Vol.81, No.321, 2001.

193. Elhanan Helpman, "The Structure of Foreign Trade", *Journal of Economic Perspectives*, *American Economic Association*, Vol.13, No.2, 1999.

194. Elhanan Helpman, "Trade, FDI, and the Organization of Firms", *American Economic Association*, Vol.44, No.3, 2006.

195. Eric A. Verhoogen, "Trade, Quality Upgrading, and Wage Inequality in the Exican Manufacturing Sector", *Quarterly Journal of*

Economics, Vol.123, No.2, 2008.

196. Erin Anderson and Hubert Gatignon, "Modes of Foreign Entry: A Transaction Cost Analysis and Propositions", *Journal of International Business Studies*, Vol.17, No.3, 1986.

197. Felberayr, Gabriel and Jung, Benain, "Trade Intermediaries and the Organization of Exporters", *Review of International Economics*, Vol.19, No.9, 2001.

198. Franco, Chiara, "Exports and FDI Motivations: Empirical Evidence from U.S. Foreign Subsidiaries", *International Business Review*, Vol.22, No.1, 2013.

199. Gabriel Felberayr and Benain Jung, "Trade Intermediation and the Organization of Exporters", *Review of International Economics*, 2011, Vol.19, No.4, 2011.

200. Gene Grossman, Elhanan Helpman and Ada Szeidl, "Complementarities between Outsourcing and Foreign Sourcing", *American Economic Review*, Vol.95, No.2, 2005.

201. Gene Grossman and Elhanan Helpman, "Integration Versus Outsourcing in Industry Equilibrium", *The Quarterly Journal of Economics*, Vol.117, No.1, 2002.

202. Gene Grossman and Elhanan Helpman, "Outsourcing in a Global Economy", *Review of Economic Studies*, Vol.72, No.1, 2005.

203. Gene Grossman and Elhanan Helpman, "Outsourcing Versus FDI in Industry Equilibrium", *Journal of the European Economic Association*, Vol.1, No.2-3, 2003.

204. Giachetti, "Do Service Firms Benefit from Diversification? The Moderating Effect of Competitive Intensity and Firm Size", *Mercati E Competitività*, Vol.134, No.2, 2012.

205. Gira and Hanley, "Rand and Exporting: Comparison of British

and Irish Firms", *Review of World Economics*, Vol.144, No.4, 2008.

206. Gira, Sourafel and Gorg, Holger and Strobl, Eric, "Exports, International Investment and Plant Performance: Evidence from a Non-parametric Test", *Economics Letters*, *Elsevier*, Vol.83, No.3, 2004b.

207. Gira, Sourafel, Richard Kneller and Auro Pisu, "Exports Versus FDI: An Epirical Test", *Review of World Economics*, Vol.141, 2005.

208. Grossman, Helpman and Szeidl, "Complementarities between Outsourcing and Foreign Sourcing", *American Economic Review*, Vol. 95, No.2, 2005.

209. Grossman and Helpman, "Product Development and International Trade", *Journal of Political Economy*, Vol.97, No.6, 1989.

210. Grossman and Helpman, "Separation of Powers and the Budget Process", *Journal of Public Economics*, Vol.92, No.3-4, 2008.

211. Grossman, Gene and Helpman, Elhanan, "Quality Ladders and Product Cycles", *The Quarterly Journal of Economics*, Vol.106, No.2, 1991.

212. Grossman, Gene and Helpman, Elhanan, "Quality Ladders in the Theory of Growth", *Review of Economic Studies*, Vol.58, No.1, 1991.

213. Grossman, Gene and Helpman, Elhanan, "Trade, Innovation, and Growth, American Economic Review", *American Economic Association*, Vol. 80, No.2, 1990.

214. Grossman, Gene and Helpman, Elhanan and Szeidl, Ada, "Optimal Integration Strategies for the Multinational Firm", *Journal of International Economics*, *Elsevier*, Vol.70, No.1, 2006.

215. Grossman, Gene and Helpman, Elhanan, "Managerial Incentives and the International Organization of Production", *Journal of International Economics*, *Elsevier*, Vol.63, No.2, 2004.

216. Gugler, Klaus, Dennis C. Jueller, B. Burcin Yurtoglu and Christine Zulehner, "The Effects of Mergers: An International

Comparison", *International Journal of Industrial Organization*, Vol. 21, 2003.

217. Guido W. Ibens and Effrey Wooldridge, "Recent Developments in the Econometrics of Program Evaluation", *American Economic Association*, Vol. 47, No. 1, 2009.

218. Gullstrand and Oaki, "Firm and Destination-specific Export Costs: The Case of the Swedish Food Sector", *Food Policy*, Vol. 36, No. 2, 2011.

219. Hanley, A. and Onreal-Pérez, "Are Newly Exporting Firms all Innovative? Findings from Matched Spanish Innovators", *Economics Letters*, Vol. 116, No. 2, 2012.

220. Hongkui Liu, Ming Xu and Tenglong Zhong, "Import Competition and Export Markups: Evidence from Chinese Multi-Product Exporters", *Annals of Economics and Finance*, Vol. 20, No. 1, 2019.

221. Harald Oberhofer and Ichael Pfafferayr, "FDI Versus Exports: Multiple Host Countries and Empirical Evidence", *The World Economy*, Vol. 35, No. 3, 2012.

222. Harms P., Méon P. G. Good and Useless FDI, "The Growth Effects of Greenfield Investment and Mergers and Acquisitions", *Review of International Economics*, Vol. 26, No. 1, 2018.

223. Head and Ries, "Heterogeneity and the FDI versus Export Decision of Japanese Manufacturers", *Journal of the Japanese and International Economies*, Vol. 17, No. 4, 2003.

224. Head, K. and Ries, "Exporting and FDI as Alternative Strategies", *Oxford Review of Economic Policy*, Vol. 20, No. 3, 2004.

225. Head, Keith and John Ries, "FDI as an Outcome of the Market for Corporate Control: Theory and Evidence", *Journal of International Economics*, Vol. 74, 2008.

226. Helpman, Melitz and Stephen R.Yeaple, "Export versus FDI with Heterogeneous Firms", *American Economic Review*, Vol.94, No.1, 2004.

227. Helpman, Melitz, "Trading Partners and Trading Volumes", NBER Working Paper, No.12927, 2008.

228. Helpman, Melitz and Rubinstein, "Estimating Trade Flows: Trading Partners and Trading Volumes", *The Quarterly Journal of Economics*, Vol.123, No.2, 2008.

229. Helpman, Elhanan and Razin, Assaf, "Welfare Aspects of International Trade in Goods and Securities: An Addendum", *The Quarterly Journal of Economics*, Vol.94, No.3, 1980.

230. Helpman, "A Simple Theory of International Trade with Multinational Corporations", *Journal of Political Economy*, Vol. 92, No. 3, 1984.

231. Helpman, "Endogenous Macro Economic Growth Theory", *European Economic Review*, Elsevier, Vol.36, No.2-3, 1992.

232. Helpman, "International Trade in the Presence of Product Differentiation, Economies of Scale and Monopolistic Competition: A Chaberlin-Heckscher-Ohlin Approach", *Journal of International Economics*, Vol.11, No.3, 1981.

233. Helpman, "Multinational Corporations and Trade Structure", *Review of Economic Studies*, Wiley Blackwell, Vol.52, No.3, 1985.

234. Helpman, "Trade Patterns under Uncertainty with Country Specific Shocks", *Econometrical*, Econometric Society, Vol.56, No.3, 1988.

235. Helpman, "Trade, FDI and the Organization of Firms", *Journal of Economic Literature*, American Economic Association, Vol.44, No.3, 2006.

236. Hoang, Viet-Ngu and Coelli, Ti, "Measurement of Agricultural Total Factor Productivity Growth Incorporating Environmental Factors: A Nutrients Balance Approach", *Journal of Environmental Economics and*

Management, Vol.62, No.3, 2011.

237. Horst Raff, Ichael Ryan and Frank Stähler, "Firm Productivity and the Foreign-Market Entry Decision", *Journal of Economics and Management Strategy*, Vol.21, No.3, 2012.

238. Horst Raff, Michael Ryan and Frank Stähler, "The Choice of Market Entry Mode: Greenfield Investment, M&A and Joint Venture", *International Review of Economics and Finance*, Vol.18, No.1, 2009.

239. Huels, D., "Transportation Costs and International Trade in the Second Era of Globalization", *Journal of Economic Perspectives*, Vol. 21, 2007.

240. Ilke Van Beveren and Hylke Vandenbussche, "Product and Process Innovation and Firms' Decision to Export", *Journal of Economic Policy Reform*, Vol.13, No.1, 2010.

241. Jaes E. Rauch and Alessandra Casella, "Overcoming Informational Barriers to International Resource Allocation: Prices and Ties", *The Economic Journal*, Vol.113, No.484, 2003.

242. Jaroslav Sixta, Kristýna Vltavská and Jaroslav Zbranek, "Total Factor Productivity Measurement Based on Labor and Capital Services", *Politická Ekonoie*, 2011.

243. Juan A. añez, aría E. Rochina-Barrachina and uan A. Sanchis Llopis, "Self-selection into Exports: Productivity and/or Innovation?", *Applied Economics Quarterly*, Vol.55, No.3, 2009.

244. Kazunobu Hayakawa and Toshiyuki Atsuura, "Complex Vertical FDI and Firm Heterogeneity: Evidence from East Asia", *Journal of the Japanese and International Economies*, Vol.25, No.3, 2011.

245. Kiura and Kiyota, "Exports, FDI, and Productivity: Dynamic Evidence from Japanese Firms", *Review of World Economics*, Vol. 142, No.4, 2006.

246. Klein, Peek and Rosengren, "Troubled Banks, Impaired Foreign Direct Investment: The Role of Relative Access to Credit", *American Economic Review*, Vol.92, No.3, 2002.

247. Krugan, Paul, "Scale Economies, Product Differentiation, and the Pattern of Trade", *American Economic Review, American Economic Association*, Vol.70, No.5, 1980.

248. Larry D. Qiu and Shengzu Wang, "FDI Policy, Greenfield Investment and Cross-border Mergers", *Review of International Economics*, Vol.19, No.5, 2011.

249. Lee, In Hyeock and Rugan, Alan, "Firm-specific Advantages, Inward FDI Origins and Performance of Multinational Enterprises", *Journal of International Manageent*, Vol.18, No.2, 2012.

250. Lee, Khai Sheang and Tan, Soo iuan, "E-retailing versus Physical Retailing: A Theoretical Model and Empirical Test of Consumer Choice", *Journal of Business Research*, Vol.56, No.11, 2003.

251. Levinsohn and Pctrin, "Estimating Production Functions Using Inputs to Control for Unobservables", *Review of Economic Studies*, Vol.70, No.2, 2003.

252. Liu, Xiaohui and Zou, Huan, "The Impact of Greenfield FDI and Mergers and Acquisitions on Innovation in Chinese High-tech Industries", *Journal of World Business*, Vol.43, No.3, 2008.

253. Managi, S., A. Hibiki, and T. Tsurui, "Does Trade Openness Improve Environmental Quality?", *Journal of Environmental Economics and Management*, Vol.58, 2009.

254. Manova and Zhang, "Export Prices across Firms and Destinations", *The Quarterly Journal of Economics*, Vol.127, No.1, 2012.

255. Martin Boerans, "Do Exports, FDI, and Outsourcing in Transition Countries Drive Firm-Level Innovation?", *Atlantic Economic Journal*, Vol.

41,No.2,2013.

256. Massiiliano Bratti and Giulia Felice, "Are Exporters Likely to Introduce Product Innovations", *The World Economy*, Vol.35, No.11, 2012.

257. Matthieu Crozet, Keith Head and Thierry Mayer, "Quality Sorting and Trade: Firm-level Evidence for French Wine", *The Review of Economic Studies*, Vol.79, No.2, 2012.

258. McDonald, R. and Siegel, D. R., "The Value of Waiting to Invest", *Quarterly Journal of Economics*, Vol.101, No.4, 1986.

259. Melitz, Mayer and Ottaviano, *Market Size, Competition, and the Product Mix of Exporters*, Working Paper 64736, Harvard University Open Scholar, 2013.

260. Melitz and Ottaviano, *Market Size, Trade, and Productivity*, *Review of Economic Studies*, Oxford University Press, 2008.

261. Melitz and Treler, "Gains from Trade When Firms Matter", *Journal of Economic Perspectives*, Vol.26, No.2, 2012.

262. . Marc J. Melitz and Stephen J. Redding, "Missing Gains from Frade?" *American Economic Review*, Vol.104, No.5, 2014.

263. Melitz, "The Impact of Trade on Intra-Industry Reallocations and Aggregate Industry Productivity", *Econometrical, Econometric Socicty*, Vol. 71, No.6, 2003.

264. Mez-Castilleo, A., Rochina-Barrachina and E., Sanchis Llopis, A., "Self-selection into Exports: Productivity and/or Innovation?", *Applied Economics Quarterly*, Vol.55, No.3, 2009.

265. Murat Şeker, "Importing, Exporting and Innovation in Developing Countries", *Review of International Economics*, Vol.20, No.2, 2012.

266. Nagano and Mamour, "Similarities and Differences among Cross-border & A and Greenfield FDI Determinants: Evidence from Asia and Oceania", *Emerging Markets Review*, Vol.16, No.3, 2013.

267. Navaretti, B. G. and Venables, A., *Multinational Firms in the World Economy*, *Princeton University Press*, 2004.

268. Neary and Peter, "Trade Costs and Foreign Direct Investment", *International Review of Economics and Finance*, Vol.18, 2009.

279. Nocke, V. and Yeaple, S., "Cross-Border Mergers and Acquisitions versus Greenfield Foreign Direct Investment: The Role of Firm Heterogeneity", *Journal of International Economics*, Vol.72, No.2, 2007.

270. Nocke, Volker and Stephen Yeaple, "An Assignment Theory of Foreign Direct Investment", *Review of Economic Studies*, Vol.75, 2008.

271. Norbäck, Pehr-ohan and Lars Persson, "Globalization and Profitability of Cross-Border Mergers and Acquisitions", *Economic Theory*, Vol.35, 2008.

272. Norbäck, Pehr-ohan and Lars Persson, "Investment Liberalization-Why a Restrictive Cross-Border Merger Policy can Be Counterproductive", *Journal of International Economics*, Vol.72, 2007.

273. Oldenski and Lindsay, "Export versus FDI and the Communication of Complex Information", *Journal of International Economics*, Vol.87, No.2, 2012.

274. Olley and Pakes, "The Dynamics of Productivity in the Telecounications Equipment Industry", *Econometrics*, Vol.64, No.6, 1996.

275. Pablo Fagelbau, Gene Grossman and Elhanan Helpman, "Income Distribution, Product Quality, and International Trade", *Journal of Political Economy*, Vol.119, No.4, 2011.

276. Pierre Ohnen and Bronwyn H. Hall, "Innovation and Productivity: An Update", *Eurasian Business Review*, Vol.3, No.1, 2013.

277. Pol Antras and Elhanan Helpman, "Global Sourcing", *Journal of Political Economy*, Vol.112, No.3, 2004.

278. Priit Vahter, "Does FDI Spur Productivity, Knowledge Sourcing

and Innovation by Incumbent Firms? Evidence from Manufacturing Industry in Estonia", *The World Economy*, Vol.34, No.8, 2011.

279. Puga, Diego and Trefler, Daniel, "Wake up and Sell the Ginseng: International Trade and the Rise of Incremental Innovation in Low-wage Countries", *Journal of Development Economics*, Vol.91, No.1, 2010.

280. R. Garcia and R. Calantone, "A Critical Look at Technological Innovation Typology and Innovativeness Terminology: A Literature Review", *The Journal of Product Innovation Management*, Vol.19, 2002.

281. Rafael Rob and Nikolaos Vettas, "Foreign Direct Investment and Exports with Growing Demand", *Review of Economic Studies*, Vol. 70, No.3, 2003.

282. Raff, H., Ryan, and Stähler, F., "Firm Productivity and the Foreign-Market Entry Decision", *Journal of Economics and Management Strategy*, Vol.21, No.3, 2012.

283. Raff, H. and Ryan, "Firm Specific Characteristics and the Timing of Foreign Direct Investment Projects", *Review of World Economics*, Vol. 144, No.1, 2008.

284. Richard Baldwin and James Harrigan, "Zeros, Quality and Space: Trade Theory and Trade Evidence", *American Economic Journal: Microeconomics*, Vol.3, No.3, 2011.

285. Rob, R., Vettas and Nikolaos, "Foreign Direct Investment and Exports with Growing Demand", *Review of Economic Studies*, Vol.70, No. 3, 2003.

286. Ronald Davies and Lourenço Paz, "Tariffs versus VAT in the Presence of Heterogeneous Firms and an Informal Sector", *International Tax and Public Finance*, Vol.18, No.5, 2011.

287. Rosario Crinò and Paolo Epifani, "Productivity, Quality and Export Behavior", *The Economic Journal*, Vol.122, No.565, 2012.

288. Rudrani Bhattacharya, Ila Patnaik and Aay Shah, "Export versus FDI in Services", *The World Economy*, Wiley Blackwell, Vol. 35, No. 1, 2012.

289. Sanghaitra Das, Ark. Roberts and aes R. Tybout, "Market Entry Costs, Producer Heterogeneity and Export Dynamics", *Econometrica*, Vol. 75, No. 3, 2007.

290. Sarbapriya, Ray and ihir, Kuar Pal, "An Application of Economic Capacity Utilization to the Measurement of Total Factor Productivity Growth: Empirical Evidence from Indian Fertilizer Industry", *Romanian Journal for Economic Forecasting*, Vol.14, No.1, 2011.

291. Sourafel Gira and Holger Görg, "Outsourcing, Foreign Ownership and Productivity: Evidence from UK Establishment-level Data", *Review of International Economics*, Wiley Blackwell, Vol.12, No.5, 2004c.

292. Takechi, K., "What is Driving the Manufacturing FDI Wave in Asia?", *Review of Development Economics*, Vol.15, No.1, 2011.

293. Tanaka Ayuu, "Firm Productivity and the Number of FDI Destinations: Evidence from a Non-parametric Test", *Economics Letters*, Vol.117, No.1, 2012.

294. Toiura and Eiichi, "Foreign Outsourcing, Exporting, and FDI: A Productivity Comparison at the Firm Level", *Journal of International Economics*, Vol.72, No.1, 2007.

295. Uday Bhanu Sinha, "Strategic Licensing, Exports, FDI, and Host Country Welfare", *Oxford Economic Papers*, Vol.62, No.1, 2010.

296. Van Beveren, I.V. and Vandenbussche, H., "Product and Process Innovation and the Decision to Export", *Journal of Economic Policy Reform*, Vol.13, No.1, 2010.

297. Van Biesebroeck, Johannes, "Exporting Raises Productivity in Sub-Saharan African Manufacturing Firms", *Journal of International*

Economics, Vol.67, No.2, 2005.

298. Wang, Chengqi and Hong, Munie and Kafouros, Mario and Boateng, Agyeni, "What Drives Outward FDI of Chinese Firms? Testing the Explanatory Power of Three Theoretical Frameworks", *International Business Review*, Vol.21, No.3, 2012.

299. Warren Bilkey, "An Attempted Integration of the Literature on the Export Behavior of Firms", *Journal of International Business Studies*, Vol.9, No.1, 1978.

300. Wen-Chung Hsu, Xingbo Gao, Ianhua Zhang and Hsin ei Lin, "The Effects of Outward FDI on Home-country Productivity: Do Location of Investment and Market Orientation Matter?", *Journal of Chinese Economic and Foreign Trade Studies*, Vol.4, No.2, 2011.

301. Xu Xinpeng and Yu Sheng, "Are FDI Spillovers Regional? Firm-Level Evidence from China", *Journal of Asian Economics*, Vol. 23, No. 3, 2012.

302. Yin He and Keith E. Maskus, "Southern Innovation and Reverse Knowledge Spillovers: A Dynamic FDI Model", *International Economic Review*, Vol.53, No.1, 2012.

附　　录

附录1　创新、出口影响企业生产率实证分析结果:总体样本

变量	(1)	(2)	(3)	(4)	(5)	(6)	(7)	(8)	(9)
C	2.5974 *** (8.0346)	2.6177 *** (5.1277)	2.6072 *** (7.2960)	2.6186 *** (6.8763)	2.5994 *** (7.6952)	2.5999 *** (7.6380)	2.5997 *** (7.6187)	2.5651 *** (7.2930)	2.4851 *** (8.1226)
AGE	-0.0024 * (-1.7686)	-0.0039 (-1.1865)	-0.0026 * (-1.8768)	-0.0024 * (-1.7752)	—	-0.0026 * (-1.9281)	-0.0027 * (-1.9531)	—	—
AGE²	—	0.0001 (0.6126)	—	—	—	—	—	—	—
EXP	—	—	0.1857 * (1.7842)	0.1809 * (1.7383)	0.0026 * (1.6729)	0.1883 * (1.8131)	0.1880 * (1.8096)	0.1957 * (1.9127)	0.1855 * (1.8114)
SUBS	—	—	—	-0.1600 ** (-2.3250)	—	-0.1669 *** (-2.4286)	-0.1667 ** (-2.4251)	-0.1647 ** (-2.4316)	—
HIGH	—	—	—	—	-0.0027 (-1.4018)				
AFFI	—	—	—	—	—	0.2462 *** (3.7028)	0.2442 *** (3.6687)	—	—
LABO	—	—	—	—	—	-0.0001 *** (-2.5249)	-0.0002 *** (-9.4207)	-0.0001 *** (-9.4191)	
SIZE	—	—	—	—	—	—	0.0001 *** (10.6139)	0.0001 *** (10.5732)	
PNNO	—	—	—	—	—	—	—	—	0.1080 *** (2.7331)
R²	0.3009	0.3009	0.3019	0.3033	0.3013	0.3072	0.3073	0.3333	0.3338
N	3542								

附录 2　创新、出口影响企业生产率实证分析结果:制造业样本

变量	（1）	（2）	（3）	（4）	（5）	（6）
C	−0.0001*** (−5.4599)	−0.0001*** (−5.1006)	−0.0002*** (−5.1094)	−0.0001*** (−5.3774)	−0.0001*** (−5.4468)	−0.0002*** (−5.1025)
AGE	0.9721*** (6.9017)	0.9391*** (6.0829)	0.9381*** (5.0381)	0.9301*** (6.0241)	0.9036*** (6.7104)	0.9420*** (5.0271)
EXP	0.0002*** (6.1478)	0.0001*** (6.1588)	0.0002*** (6.1501)	—	—	—
SUBS	—	0.0001*** (3.5743)	0.0002*** (3.5658)	0.0001*** (3.5463)	0.0001*** (3.5644)	—
AFFI	—	—	0.0000 (0.0000)	—	—	—
LABO	—	—	—	0.0002*** (2.6584)	0.0001*** (5.0056)	—
SIZE	—	—	—	—	−0.0001*** (−5.0645)	−0.0002*** (−3.1661)
PNNO	—	—	—	—	—	0.0001*** (8.6736)
R²	0.7023	0.7045	0.7013	0.7021	0.6816	0.6403
N	1281					

附录 3　创新、出口影响企业生产率实证分析结果:服务业样本

变量	（1）	（2）	（3）	（4）	（5）	（6）
C	3.0219*** (6.7634)	3.0423*** (6.6926)	2.9884*** (5.2591)	2.9884*** (5.2370)	3.01885*** (7.0282)	3.0150*** (6.2105)
AGE	−0.0046* (−1.6905)	−0.0044* (−1.8915)	−0.0044* (−1.7935)	−0.0044* (−1.6915)	−0.0046* (−1.7352)	−0.0043* (−1.7192)
EXP	—	—	0.2067 (0.3087)	0.2081 (0.3106)	0.1317 (0.1980)	0.1171 (0.1762)
SUBS	—	−0.3134** (−2.1946)	—	—	—	−0.3127** (−2.2073)
AFFI	—	—	0.3066** (2.4700)	0.3097** (2.4825)	—	0.2769** (2.2154)
LABO	—	—	—	−0.0001 (−0.2630)	−0.0002*** (−4.1025)	−0.0001*** (−4.0160)

续表

变量	（1）	（2）	（3）	（4）	（5）	（6）
SIZE	—	—	—	—	0.0001 *** （4.3087）	0.0002 *** （4.1430）
PNNO	—	—	—	—	—	0.0100 *** （3.1258）
R^2	0.6148	0.6081	0.6095	0.6096	0.6224	0.3247

附录 4　创新、企业生产率影响出口模式选择实证分析结果：其他行业样本

变量	（1）	（2）	（3）	（4）	（5）	（6）
C	2.5489 *** （4.2206）	2.5501 *** （4.9104）	2.5323 *** （4.1274）	2.5692 *** （4.4647）	2.4714 *** （4.5440）	2.3709 *** （4.5787）
AGE	−0.0027 （−1.1418）	−0.0027 （−1.1294）	−0.0029 （−1.2034）	−0.0034 （−1.4182）	−0.0011 （−1.4508）	−0.0007 （−1.3068）
EXP	0.6835 *** （2.7949）	0.6836 *** （2.7941）	0.6877 *** （2.8135）	—	0.7063 *** （2.9871）	0.7345 *** （3.1109）
SUBS	—	−0.0201 （−0.1606）	−0.0225 （−0.8569）	−0.0178 （−0.1421）	—	−0.0496 （−0.4106）
AFFI	—	—	0.2133 * （1.8850）	—	0.2297 ** （2.0978）	0.2251 *** （2.0607）
LABO	—	—	—	0.0001 （1.3462）	−0.0001 *** （−2.9871）	−0.0001 *** （−6.7648）
SIZE	—	—	—	—	0.0001 *** （9.4277）	0.0002 *** （9.3795）
PNNO	—	—	—	—	—	0.1883 *** （2.8603）
R^2	0.4072	0.4072	0.4027	0.4825	0.4740	0.4799

附录 5　出口模式选择、企业生产率影响创新实证分析结果（一）

变量	(1)	(2)	(3)	(4)	(5)	(6)	(7)	(8)	(9)	(10)
c	−5149.2930 ***	−11508.52 ***	−11488.30 ***	−5213.137 ***	−6000.6650 ***	−7301.581 ***	−7002.840 ***	7254.895 *	7287.936 *	946.4254
x_1	134.9304 ***	134.5174 ***	134.5032 ***	134.4852 ***	130.5249 ***	118.5291 ***	116.9653 ***	116.0037 ***	113.9207 ***	106.1435 ***
x_2	12123.3600 ***	11704.54 ***	11693.6100 ***	12117.49 ***	11860.6700 ***	10786.18 ***	10668.15 ***	11667.80 ***	11716.11 ***	10502.68 ***

续表

变量	(1)	(2)	(3)	(4)	(5)	(6)	(7)	(8)	(9)	(10)
x_3	—	22.3083*	22.31400*	—	—	—	—	—	—	21.44653*
x_4	—	—	-0.5034	—	—	—	—	—	—	—
x_5	—	72.9868***	72.9458***	—	—	—	—	—	—	70.9805***
x_6	—	—	—	—	1547.512	—	—	—	—	—
x_7	—	—	—	25.8945***	25.8267***	—	—	—	—	25.0311***
x_8	—	—	—	-19.8119**	-19.7569**	—	—	—	—	-19.5858**
x_9	—	—	—	—	-1.8558	—	—	—	—	—
x_{10}	—	—	—	—	—	5258.993***	5161.537***	—	—	5241.713***
x_{11}	—	—	—	—	—	—	85.0368	—	—	—
x_{12}	—	—	—	—	—	—	-474.7435	—	—	—
x_{13}	—	—	—	—	—	3287.130***	3278.708***	3132.015***	3154.467***	2723.956**
x_{14}	—	—	—	—	—	—	—	-294.1611***	-285.4164***	-298.9242***
x_{15}	—	—	—	—	—	—	—	—	-31.5819	—
R^2	0.1640	0.1720	0.1720	0.1700	0.1712	0.1840	0.1860	0.1780	0.1820	0.2070

附录6　出口模式选择、企业生产率影响创新实证分析结果(二)

变量	(1)	(2)	(3)	(4)	(5)	(6)	(7)	(8)	(9)	(10)
c	-2545.816*	-2118.634	-2833.204*	-5196.259***	-5177.051***	-1803.953	-7424.324***	-3802.710**	-4211.254**	-3699.559*
x_1	95.8382***	95.3458***	89.7946***	88.5620***	88.6107***	87.6587***	85.4772***	119.2127***	86.7420***	86.4782***
x_2	9831.455***	9663.493***	9567.070***	8917.435***	8925.191***	9554.171***	1025.76***	9463.525***	8927.891***	8780.862***
x_{16}	174.3163***	173.8889***	165.4616***	156.3888***	156.4644***	165.7869***	158.1272***	—	156.9601***	156.8396***
x_{17}	-327.0336***	-279.4738**	-320.0804***	-304.0370***	-303.7342***	-324.1856***	—	-316.0443***	-307.3862***	-262.6224**
x_{18}	—	-106.4143	—	—	—	—	—	—	—	-102.0642
x_{19}	—	8.5182	—	—	—	—	—	—	—	2.0047
x_{20}	—	—	4.6070	—	—	—	5.0677	—	—	4.9342
x_{21}	—	—	2462.918**	2283.538*	2286.46*	2354.101*	2315.624*	3125.589***	2197.795*	2182.202*
x_{22}	—	—	—	433.1347***	433.4573***	—	435.754***	452.1904***	429.7078***	429.2549***
x_{23}	—	—	—	—	-118.9612	—	—	-60.2737	-226.4372	-232.3642
x_{24}	—	—	—	—	—	-2.8957**	-2.6388**	-2.6676**	-2.7247**	-2.7336**
R^2	0.2000	0.2010	0.2030	0.2270	0.2270	0.2060	0.2230	0.2080	0.2300	0.2310

附录7 出口模式选择、企业生产率影响创新实证分析结果:稳健性检验

变量	(1)OLS	(2)OLS	(3)OLS	(4)QREG	(5)QREG	(6)QREG	(7)STEPLS	(8)STEPLS	(9)STEPLS
c	4418.774	-11459.22*** (0.0000)	-2107.133	-23.2803* (0.0907)	-10290.95*** (0.0001)	-29.4771	-10268.52*** (0.0001)	-3323.150	-3103.138
x_1	70.4425*** (0.0000)	74.4920*** (0.0001)	67.3395*** (0.0004)	0.3104*** (0.0000)	79.2608*** (0.0000)	0.3176*** (0.0000)	78.8737*** (0.0000)	77.3815*** (0.0000)	0.0101*** (0.0000)
x_2	7571.030*** (0.0000)	6969.960*** (0.0000)	6986.640*** (0.0000)	138.0633*** (0.0000)	7378.443*** (0.0000)	134.4254*** (0.0000)	7303.946*** (0.0000)	8790.517*** (0.0000)	0.0021*** (0.0000)
x_5	—	60.91384** (0.0216)	65.1664** (0.0142)	0.2011** (0.0189)	64.00697** (0.0156)	0.2304*** (0.0093)	63.3488** (0.0167)	72.1201*** (0.0065)	71.9762
x_7	22.8493** (0.0125)	22.4411** (0.0141)	22.2982** (0.0147)	—	10.9608* (0.0820)	10.0529	10.6366* (0.0914)	—	8.0921
x_8	-17.5780* (0.0612)	-16.8774* (0.0722)	-17.1117* (0.0683)	—		-0.0412	—	0.1157	-0.0005
x_{10}	3709.635*** (0.0000)	3696.022*** (0.0032)	3702.586** (0.0032)	27.5282*** (0.0000)	3698.376*** (0.0032)	30.3644*** (0.0000)	3596.220*** (0.0041)	—	0.0145*** (0.0000)
x_{14}	-199.8530** (0.0190)	—	-201.8459** (0.0183)	-0.3787	—	-0.4712* (0.0582)	—	-218.1682** (0.0102)	0.0007*** (0.0000)
x_{16}	107.6649*** (0.0003)	119.5422*** (0.0001)	107.2582*** (0.0003)	2.8068*** (0.0000)	123.3501*** (0.0000)	3.0009*** (0.0000)	121.1985*** (0.0000)	124.4788*** (0.0000)	0.0052*** (0.0000)
x_{17}	-236.1501** (0.0238)	-230.1426** (0.0276)	-230.2070** (0.0276)	—	-229.9962** (0.0278)	0.1578	-227.9288** (0.0291)	—	0.0013*** (0.0000)
x_{22}	432.3478*** (0.0000)	428.6272*** (0.0000)	428.9062*** (0.0000)		433.6125*** (0.0000)	441.6555* (0.0516)	433.243*** (0.0000)	447.0060*** (0.0000)	421.0921*** (0.0000)
x_{24}	-2.3725*** (0.0703)	-2.3044*** (0.0790)	-2.2545* (0.0858)	—	-2.4239* (0.0643)	-0.0119*** (0.0016)	-2.4382* (0.0627)	—	12397
R^2	0.5610	0.5650	0.5690	0.5076	0.5510	0.5074	0.5580	0.5480	0.5500

后　记

　　本书是在我博士学位论文的基础上进一步修改而成的。在即将付梓之际,感谢这些年一直给予我无尽帮助的师长、朋友和家人。

　　2001年,我从豫西南一个贫困县城考入西北大学,2005年本科毕业后到南京读研,2008年参加工作,2011年我又回到西北大学攻读经济学博士学位。九年前,自己背着行李,离别家人,独自一人,求知求学,此情此景,恍若昨日。而如今,自己从事绛帐,组成家庭,妻子贤惠,儿女可爱,安居乐业,其乐融融。本书出版在即,回望巍巍西大,回味百年沧桑,回想七年片刻,心里涌现出深深的眷恋和几多不舍。驻足校园,往日的聆听教诲、埋头苦干、追逐嬉戏立即浮现于眼前。我会铭记西北大学"公诚勤朴"的校训,践行"团结、进取、民主、奉献"的校风,做一个合格的西大人,祝母校"葱茏嘉木盛,锦绣凤藻昌;与终南巍巍,共河汉泱泱",愿母校"春秋代序,懿德远扬;菁英腾茂,山高水长"。同时,我会继续关注母校的发展,并贡献自己的绵薄之力。

　　师从赵景峰教授是我人生的一大幸事。与赵老师结识于

2004 年,2005 年毕业后,尽管我在南京读研,依然得到他的殷切关怀和悉心指导,2011 年我投入赵老师门下,开始世界经济研究。赵老师心胸宽广、眼光长远、处世豁达、治学严谨、海人不倦。多年来,他的关心、理解、支持和帮助使我放下包袱,轻松上阵,奋力苦干,受益良多。每当我遇到思想困惑或技术难题时,不论他身处何地,不管多晚多忙,都会第一时间帮我解惑。2013 年,我第一次申请教育部人文社科基金项目。当时,我心里莫名紧张,既想有个好结果,又担心劳而无功。赵老师知道后,一方面鼓励我大胆尝试,勇于创新,求真务实;另一方面叮嘱我构思要新颖,行文要规范,措施要可行。之后,他不顾工作繁忙,坚持帮我修改课题申请书。最后课题立项了,他比我还开心。后来,在他的指导下,我又成功申请到国家社会科学基金。最是难忘师恩情。没有他的关心,就没有我今天的成就。每当我迷茫彷徨和不知所措时,他总是鼓励我、支持我,不断给我继续奋进的力量。借此机会,我向赵老师致以由衷的感谢和崇高的敬意,祝他身体健康、阖家欢乐、笑口常开、心想事成。

至今我还记得,五年前,在一个冬日暖阳的日子,我第一次踏进中央财经大学的大门,而今想起,不禁感慨天道如弓,岁月似箭,时光美好却又流逝得太快太快,像风一样不可捕捉。在这本专著即将完成之际,感谢我的合作导师唐宜红教授,在三年的博士后工作中,唐教授在工作上给我多方面的关心帮助。唐教授治学严谨、学识渊博、平易近人、朴实无华,用宽广的学术视野、敏锐的学术眼光和感人至深的人文关怀将我带入了国际贸易研究的广阔领域。她勤勉、敬业、宽厚和正直的工作态度和人格魅力一直感染着我,她对工作执着热爱、充满激情的职业精神和精益求精的学术态度让我动容、令我惭愧,她的言传身教向我诠释了何为师者、何为学者。同时,感谢中央财经大学国际经济与贸易学院提供了良好的学术氛围。

感谢我的父母。虽然他们已经退休了,但是为了帮我,不远千里,帮我照看两个孩子,在此祝他们身体健康！感谢我的爱人,这些年为了我继续学习,她屡次放弃深造的机会,义无反顾地承担了照顾家庭的重任,既要上班还要顾家。五年前,我的女儿王培君出生了;三年前,我的儿子王修远出生了,两个孩子的出世给全家带来了无尽的快乐。在此,祝两位小朋友身体健康,快乐成长！

这本著作是这些年我的一些思考,其中借鉴了国内外不少专家学者的成果,在此表示感谢,当然文责自负。部分国内外学术工作论文由于出版原因而未能在参考文献中一一列出,可以查阅我的博士学位论文参考文献部分。在出版过程中,人民出版社郑海燕编审给予了大力支持和悉心帮助,在此谢过。

学术之路,漫长艰辛,唯有继续奋进。

王智新

2019 年 11 月 20 日